New Bilingual Visual **Dictionary**

English–Italian

Milet Publishing
Smallfields Cottage, Cox Green
Rudgwick, Horsham, West Sussex
RH12 3DE England
info@milet.com
www.milet.com
www.milet.co.uk

First English–Italian edition published by Milet Publishing in 2017

Copyright © Milet Publishing, 2017

ISBN 978 1 78508 887 2

Text by Sedat Turhan & Patricia Billings
Illustrated by Anna Martinez
Designed by Christangelos Seferiadis

Printed and bound in Turkey by Metro Basım Hiz. A.Ş., January 2023.

falcon
il falco

eagle
l'aquila

flamingo
il fenicottero

swan
il cigno

heron
l'airone

pelican
il pellicano

gull
il gabbiano

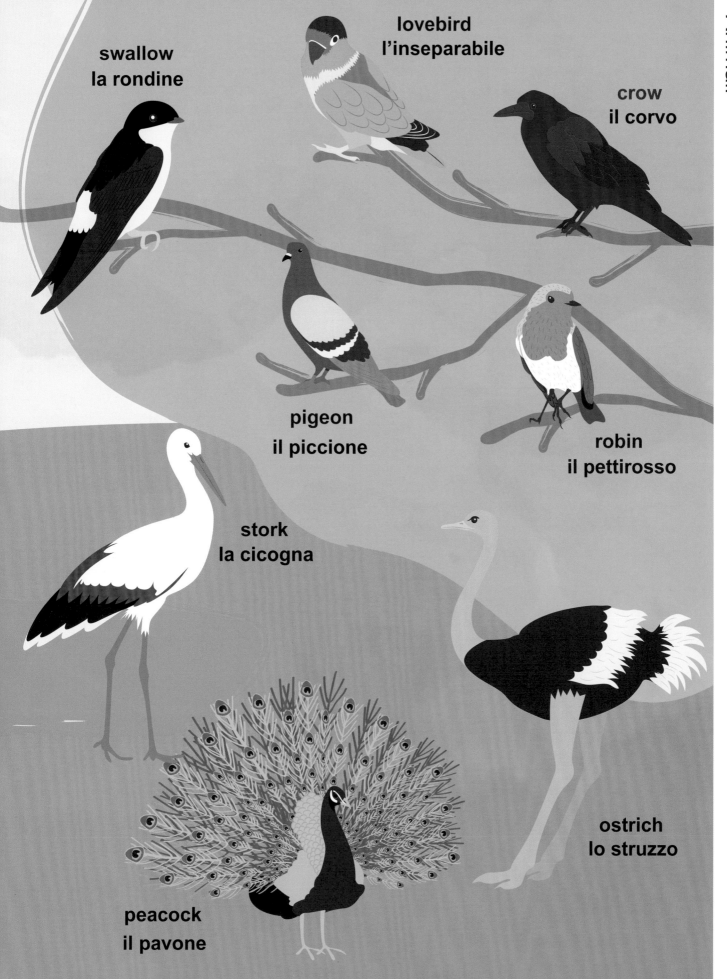

swallow
la rondine

lovebird
l'inseparabile

crow
il corvo

pigeon
il piccione

robin
il pettirosso

stork
la cicogna

ostrich
lo struzzo

peacock
il pavone

sparrow
il passero

owl
il gufo

parrot
il pappagallo

wing
l'ala

beak
il becco

claw
l'artiglio

tail
la coda

woodpecker
il picchio

nest
il nido

birdcage
la gabbia

vulture
l'avvoltoio

egg
l'uovo

feather
la piuma

pet
l'animale da compagnia

dog
il cane

puppy
il cagnolino

pet bed
la cuccia

cat
il gatto

kitten
il gattino

collar
il collare

crest
la cresta

chick
il pulcino

hen
la gallina

rooster
il gallo

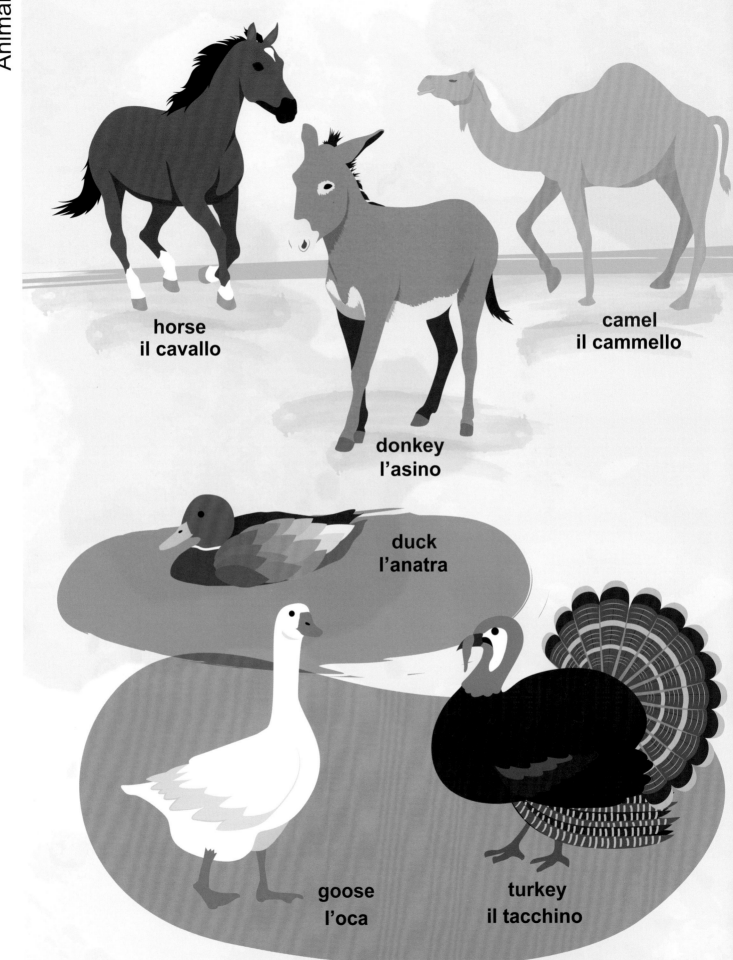

horse
il cavallo

camel
il cammello

donkey
l'asino

duck
l'anatra

goose
l'oca

turkey
il tacchino

barn
la stalla

cow
la mucca

bull
il toro

calf
il vitello

pig
il maiale

sheep
la pecora

lamb
l'agnello

goat
la capra

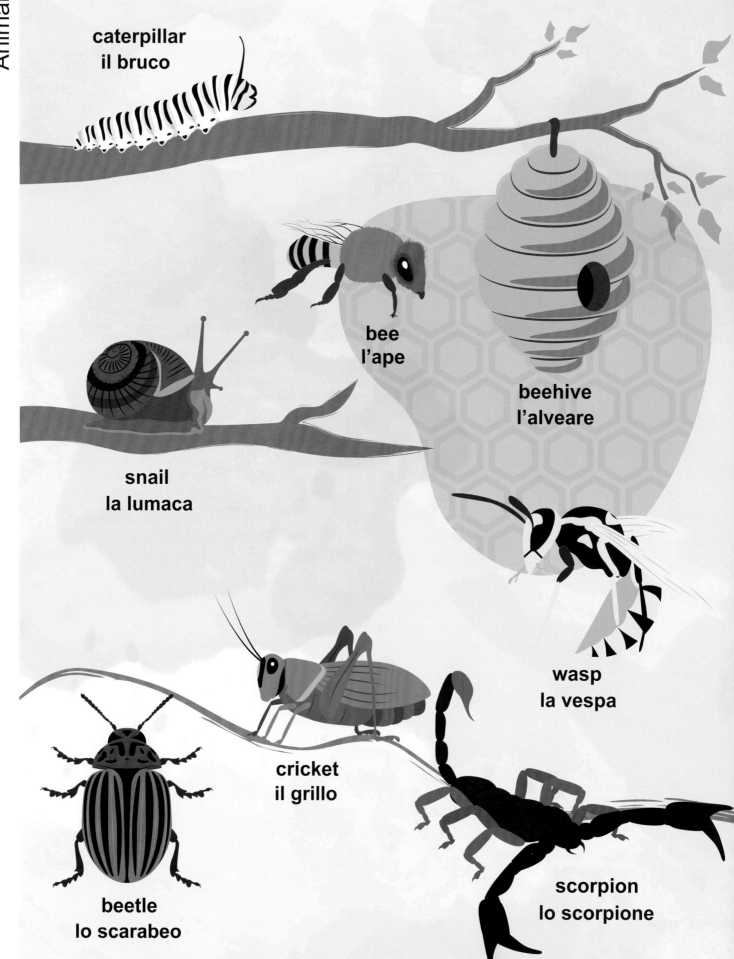

caterpillar
il bruco

bee
l'ape

beehive
l'alveare

snail
la lumaca

wasp
la vespa

cricket
il grillo

beetle
lo scarabeo

scorpion
lo scorpione

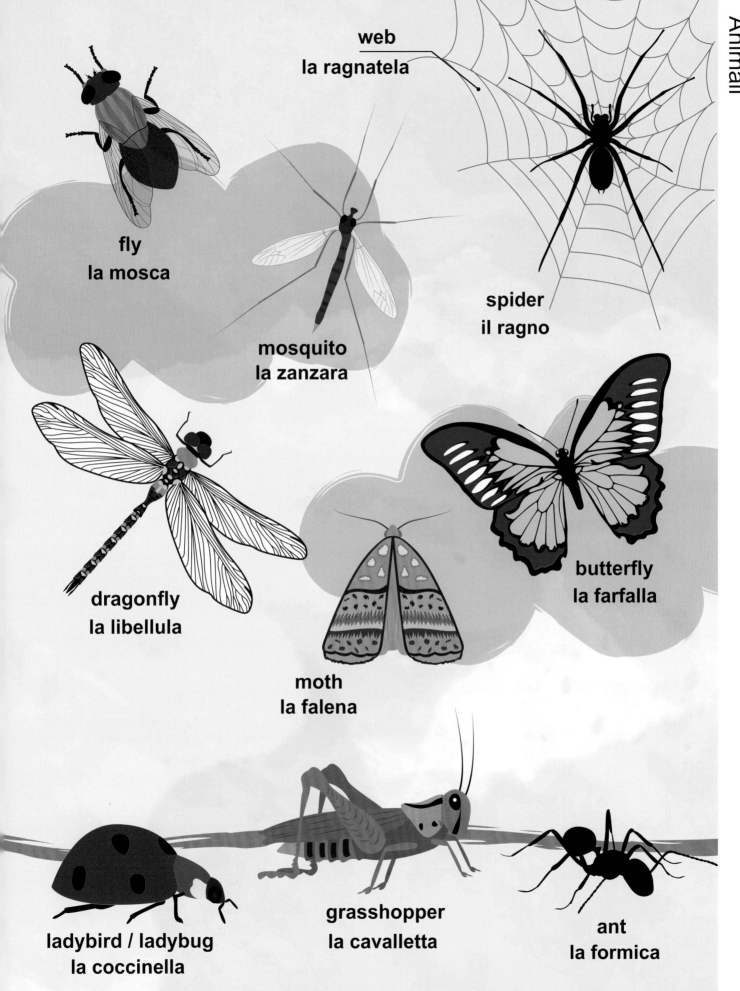

web
la ragnatela

fly
la mosca

mosquito
la zanzara

spider
il ragno

dragonfly
la libellula

moth
la falena

butterfly
la farfalla

ladybird / ladybug
la coccinella

grasshopper
la cavalletta

ant
la formica

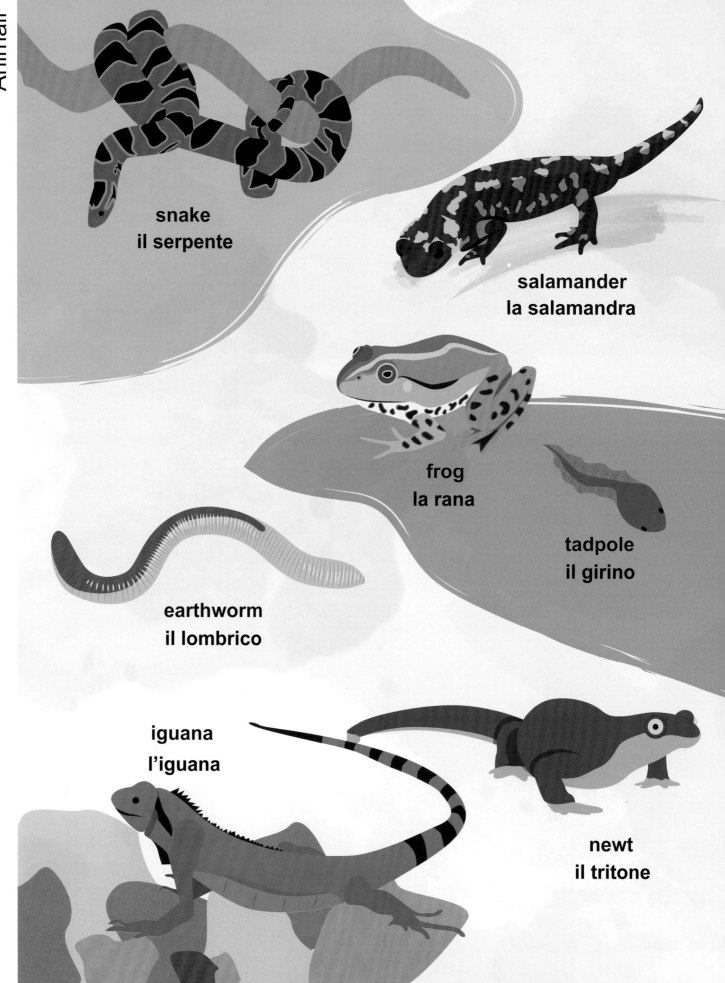

snake
il serpente

salamander
la salamandra

frog
la rana

tadpole
il girino

earthworm
il lombrico

iguana
l'iguana

newt
il tritone

chameleon
il camaleonte

lizard
la lucertola

crocodile
il coccodrillo

toad
il rospo

tortoise
la tartaruga

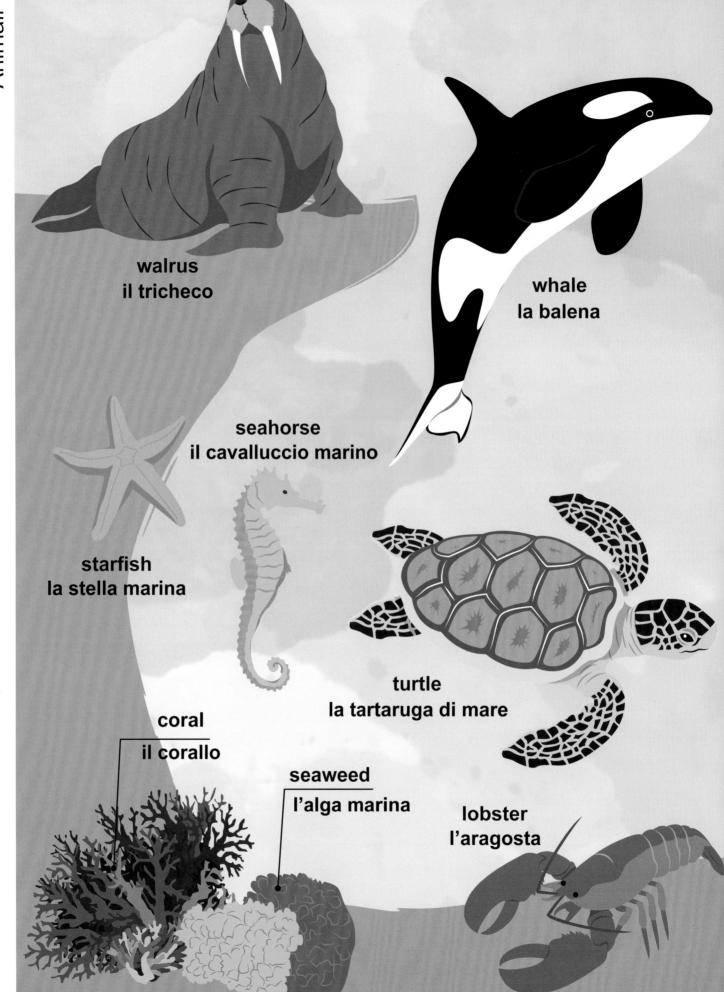

walrus
il tricheco

whale
la balena

seahorse
il cavalluccio marino

starfish
la stella marina

turtle
la tartaruga di mare

coral
il corallo

seaweed
l'alga marina

lobster
l'aragosta

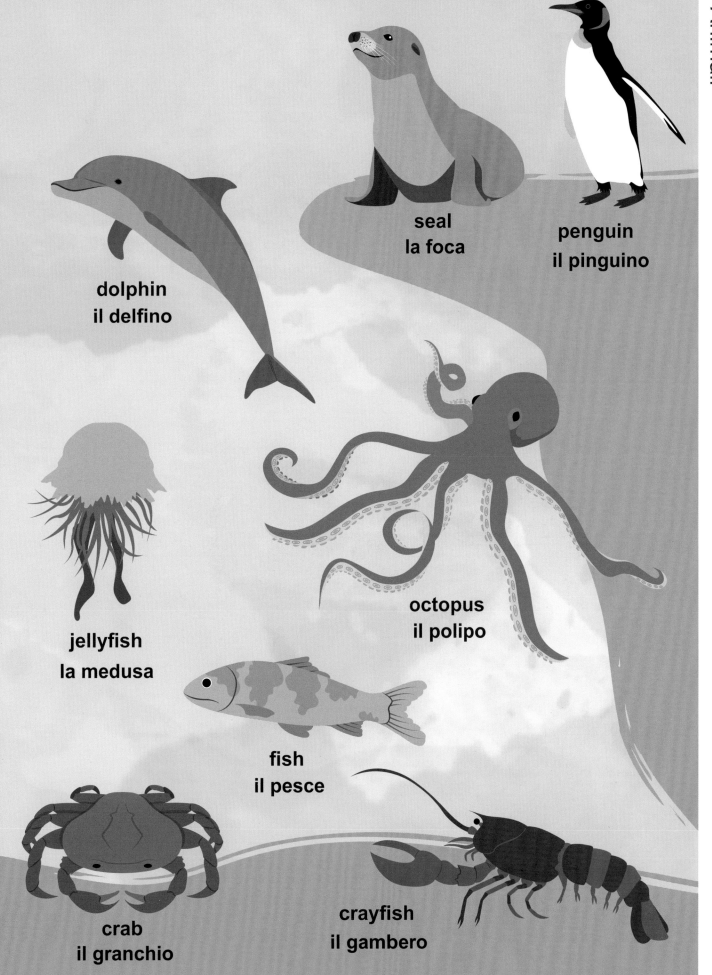

seal
la foca

penguin
il pinguino

dolphin
il delfino

jellyfish
la medusa

octopus
il polipo

fish
il pesce

crab
il granchio

crayfish
il gambero

koala
il koala

bat
il pipistrello

kangaroo
il canguro

raccoon
il procione

llama
il lama

skunk
la puzzola

bear
l'orso

polar bear
l'orso polare

elephant
l'elefante

tusk
la zanna

trunk
la proboscide

panda
il panda

fox
la volpe

wolf
il lupo

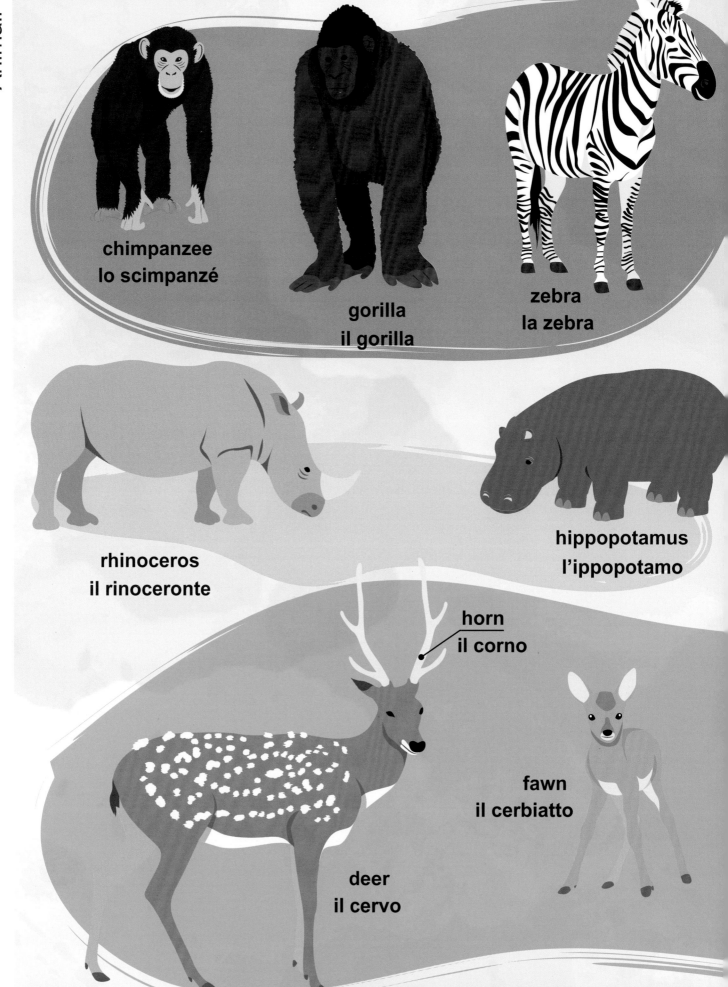

chimpanzee
lo scimpanzé

gorilla
il gorilla

zebra
la zebra

rhinoceros
il rinoceronte

hippopotamus
l'ippopotamo

horn
il corno

fawn
il cerbiatto

deer
il cervo

giraffe
la giraffa

leopard
il leopardo

tiger
la tigre

mane
la criniera

lion
il leone

cub
il leoncino

mole
la talpa

hedgehog
il riccio

tail
la coda

mouse
il topo

rat
il ratto

squirrel
lo scoiattolo

rabbit
il coniglio

otter
la lontra

body
il corpo

finger
il dito

head
la testa

hand
la mano

palm
il palmo

arm
il braccio

chest
il petto

armpit
l'ascella

stomach
lo stomaco

waist
la vita

leg
la gamba

knee
il ginocchio

thigh
la coscia

toe
il dito del piede

foot
il piede

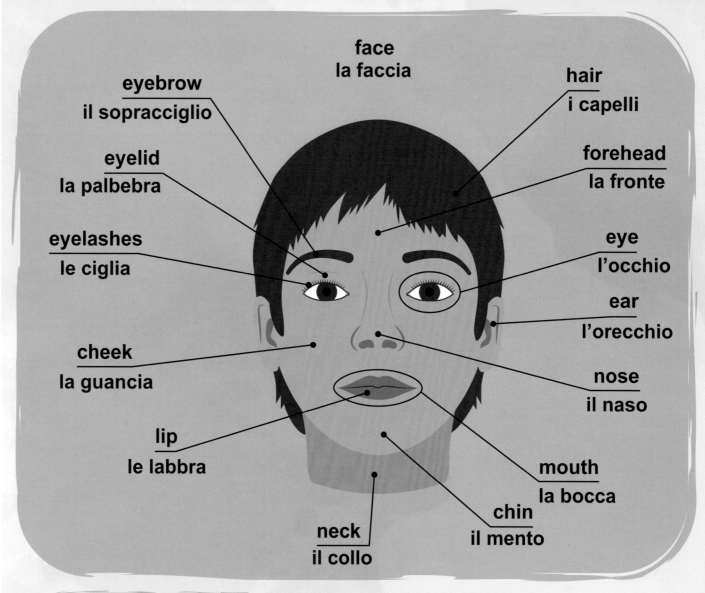

face
la faccia

eyebrow
il sopracciglio

hair
i capelli

eyelid
la palbebra

forehead
la fronte

eyelashes
le ciglia

eye
l'occhio

ear
l'orecchio

cheek
la guancia

nose
il naso

lip
le labbra

mouth
la bocca

chin
il mento

neck
il collo

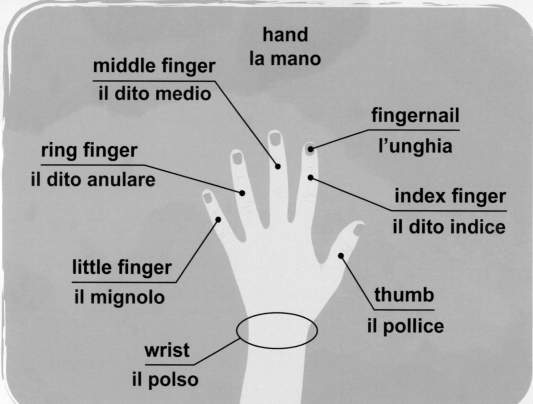

hand
la mano

middle finger
il dito medio

fingernail
l'unghia

ring finger
il dito anulare

index finger
il dito indice

little finger
il mignolo

thumb
il pollice

wrist
il polso

fingerprint
l'impronta
digitale

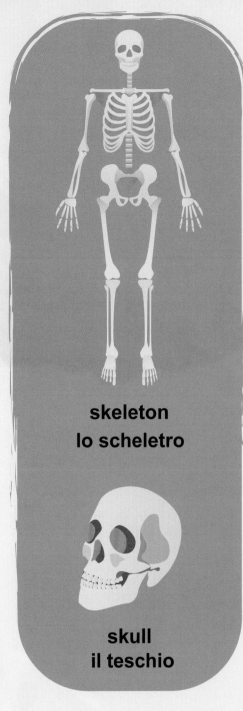

skeleton
lo scheletro

skull
il teschio

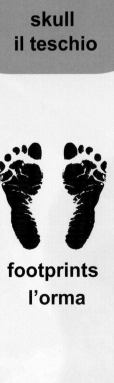

footprints
l'orma

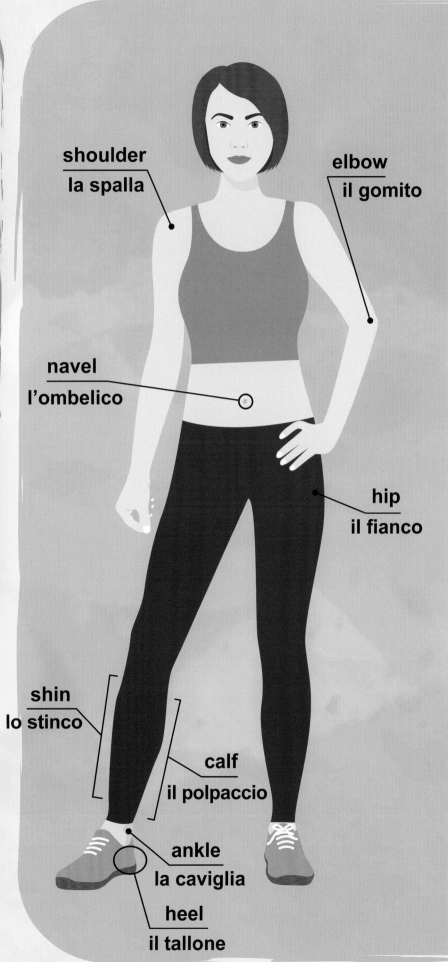

shoulder
la spalla

elbow
il gomito

navel
l'ombelico

hip
il fianco

shin
lo stinco

calf
il polpaccio

ankle
la caviglia

heel
il tallone

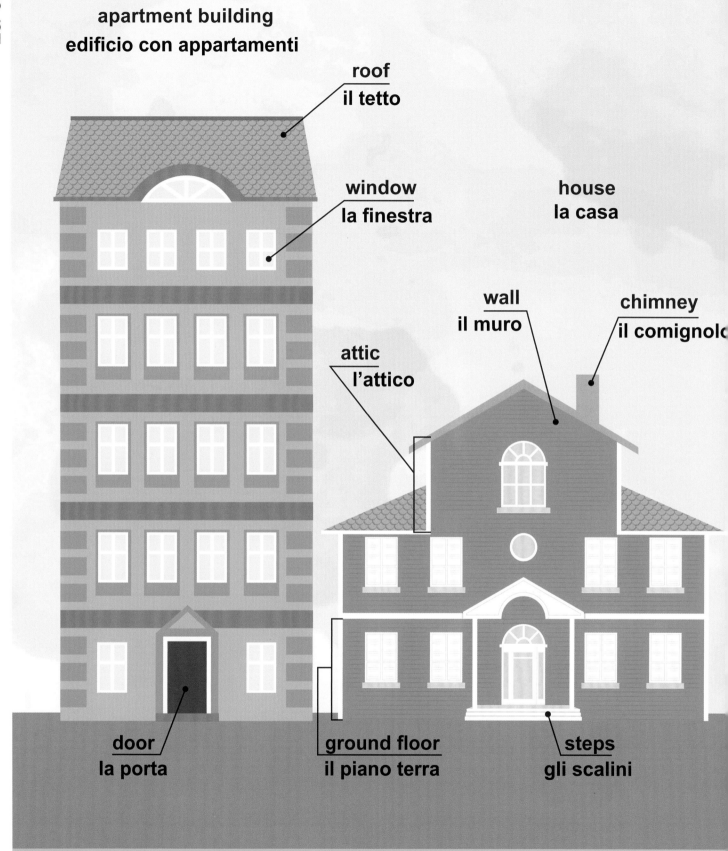

apartment building
edificio con appartamenti

roof
il tetto

window
la finestra

house
la casa

wall
il muro

chimney
il comignolo

attic
l'attico

door
la porta

ground floor
il piano terra

steps
gli scalini

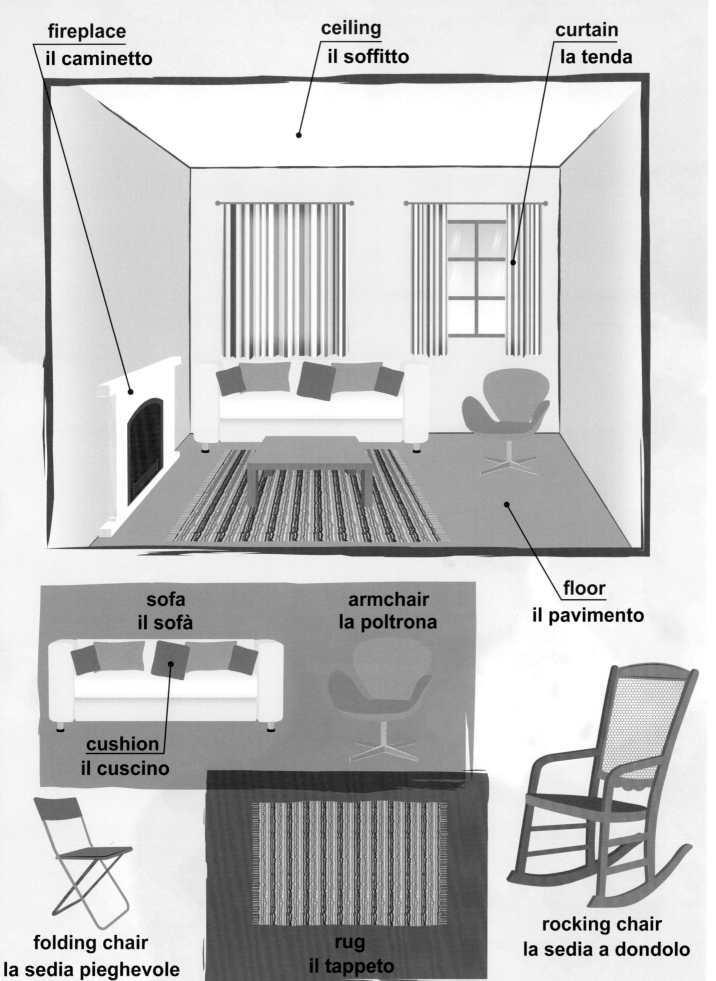

fireplace
il caminetto

ceiling
il soffitto

curtain
la tenda

floor
il pavimento

sofa
il sofà

armchair
la poltrona

cushion
il cuscino

folding chair
la sedia pieghevole

rug
il tappeto

rocking chair
la sedia a dondolo

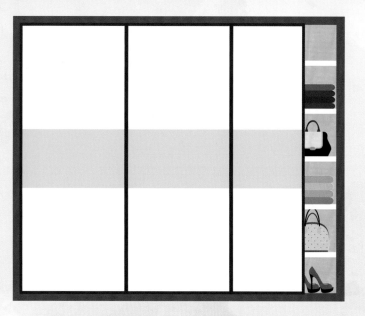

wardrobe / closet
il guardaroba

bench
la panca

pillow
il cuscino

sheet
le lenzuola

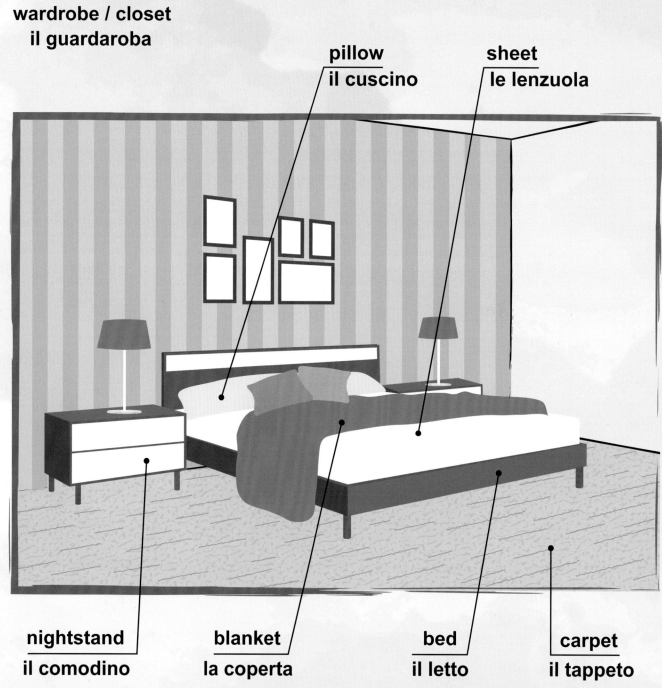

nightstand
il comodino

blanket
la coperta

bed
il letto

carpet
il tappeto

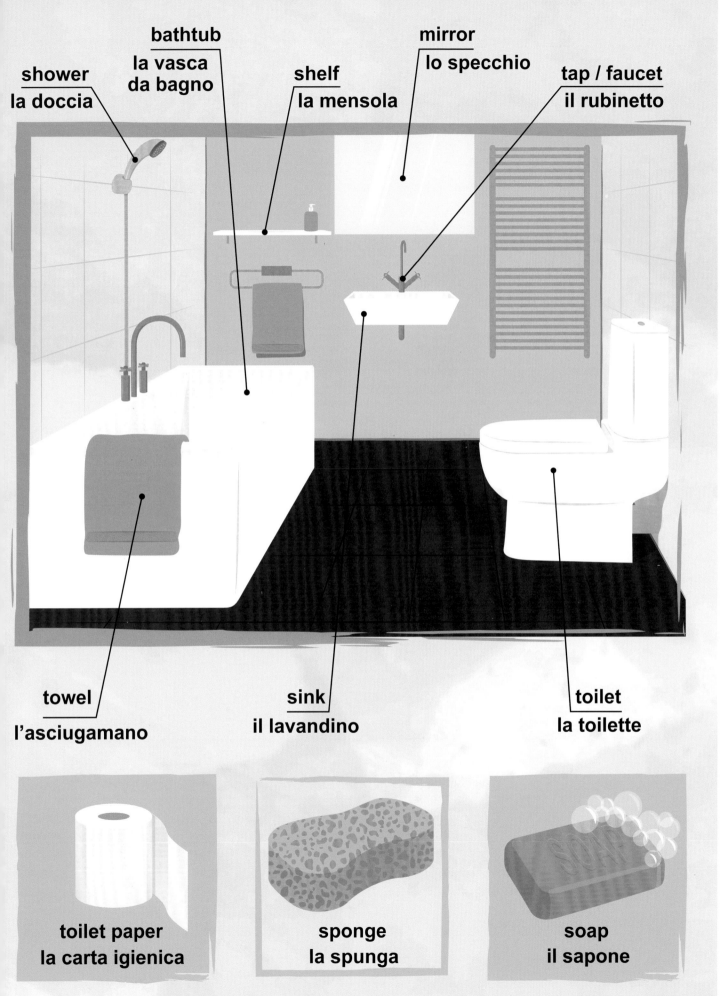

shower
la doccia

bathtub
la vasca
da bagno

shelf
la mensola

mirror
lo specchio

tap / faucet
il rubinetto

towel

l'asciugamano

sink
il lavandino

toilet
la toilette

toilet paper
la carta igienica

sponge
la spunga

soap
il sapone

console
il buffet

chair
la sedia

ceiling lamp
il lampadario

dining table
il tavolo da pranzo

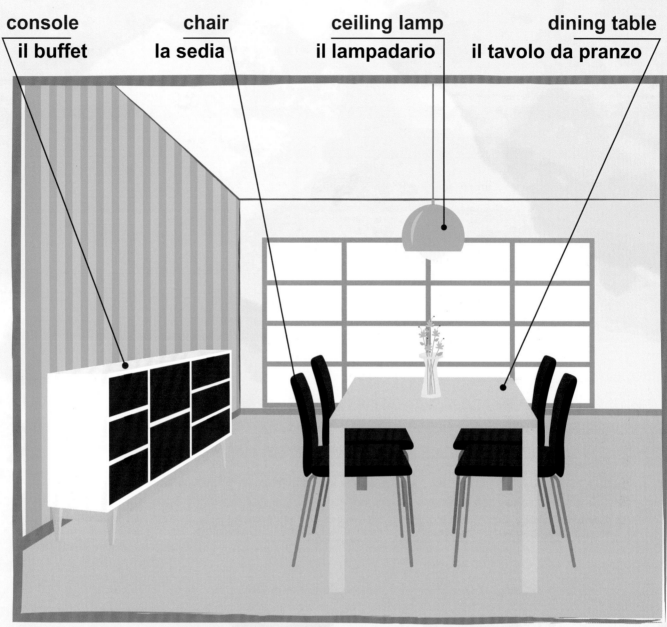

cabinet
la vetrinetta

place setting
il posto
apparecchiato

stool
lo sgabello

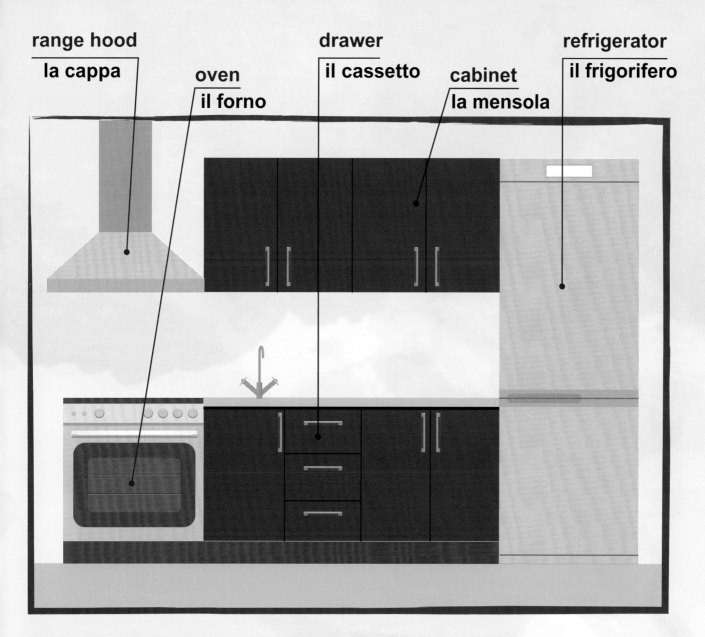

range hood
la cappa

oven
il forno

drawer
il cassetto

cabinet
la mensola

refrigerator
il frigorifero

frying pan
la padella

pot
la pentola

slow cooker
cottura lenta

bowl
la scodella

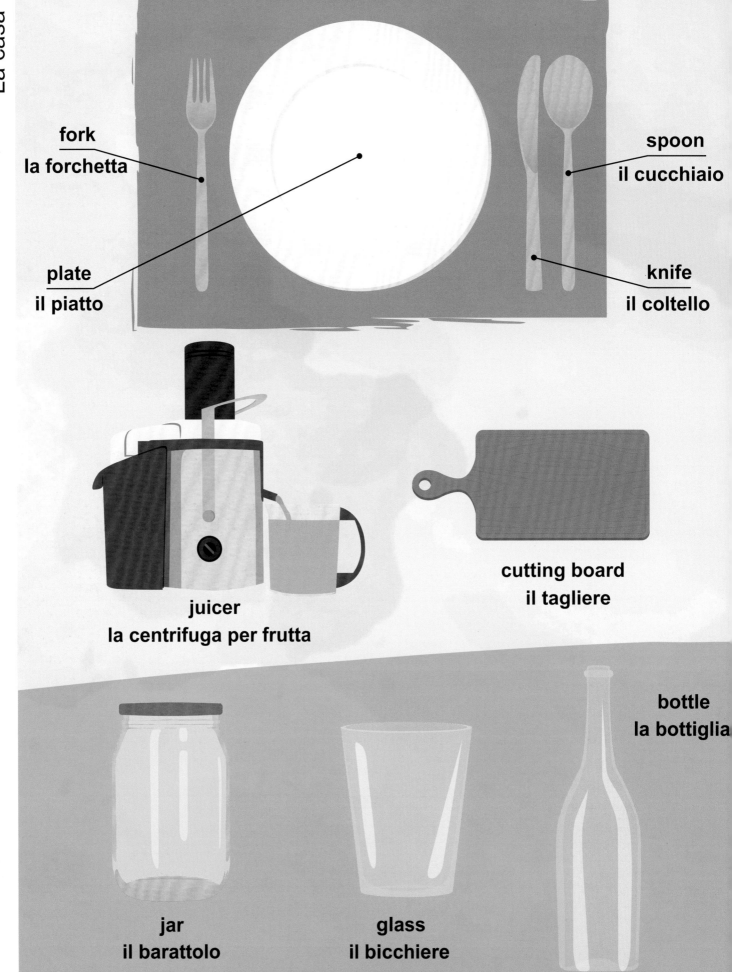

fork
la forchetta

plate
il piatto

spoon
il cucchiaio

knife
il coltello

juicer
la centrifuga per frutta

cutting board
il tagliere

bottle
la bottiglia

jar
il barattolo

glass
il bicchiere

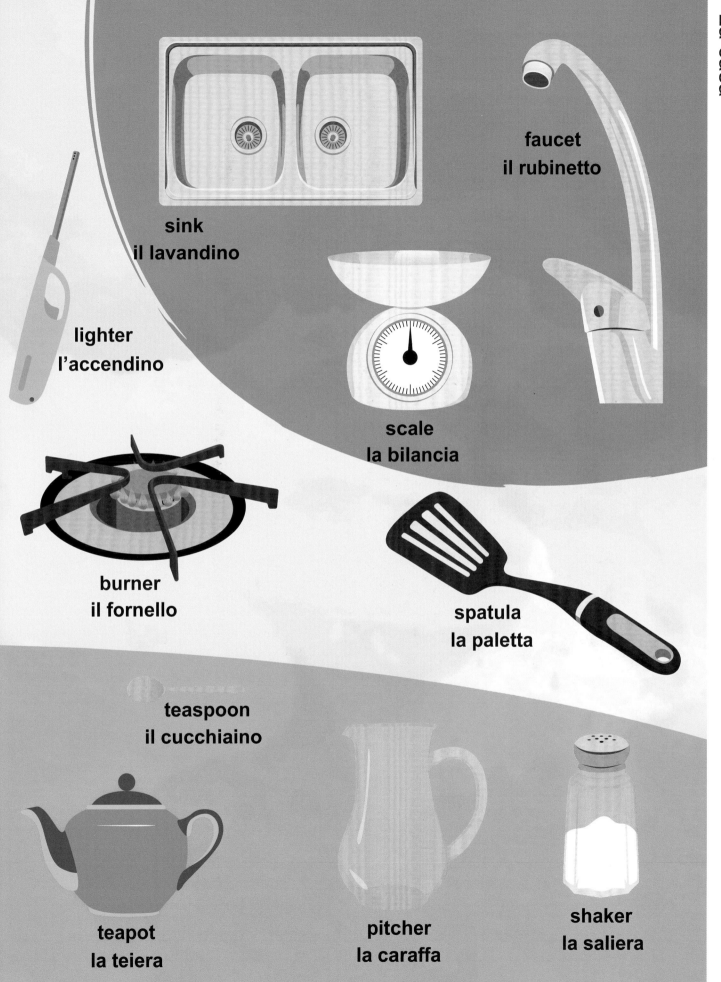

faucet
il rubinetto

sink
il lavandino

lighter
l'accendino

scale
la bilancia

burner
il fornello

spatula
la paletta

teaspoon
il cucchiaino

teapot
la teiera

pitcher
la caraffa

shaker
la saliera

31

mixer
il mixer

toaster oven
il forno elettrico

food processor
il robot da cucina

blender
il frullatore

toaster
il tostapane

microwave oven
il forno a microonde

dishwasher
la lavastoviglie

washing machine
la lavatrice

duster
lo spolverino

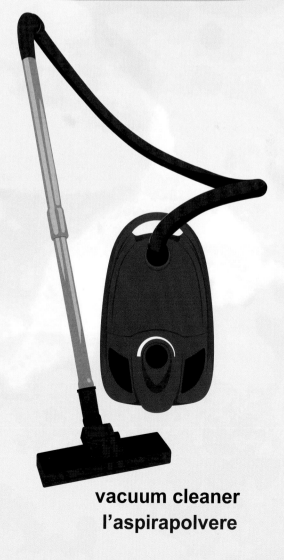

iron
il ferro da stiro

vacuum cleaner
l'aspirapolvere

33

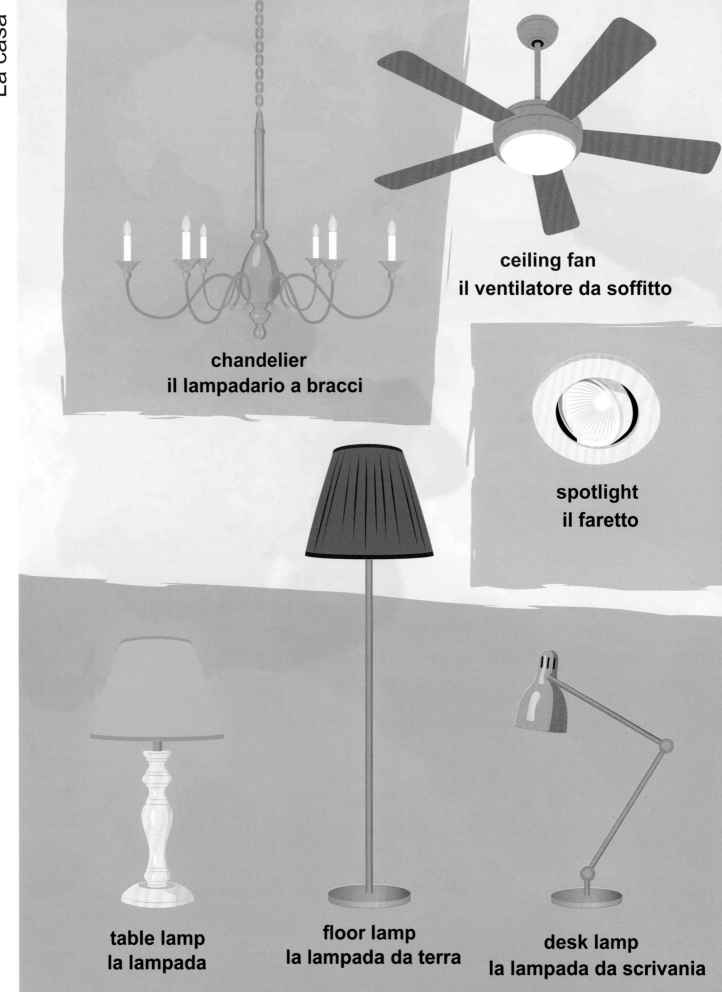

ceiling fan
il ventilatore da soffitto

chandelier
il lampadario a bracci

spotlight
il faretto

table lamp
la lampada

floor lamp
la lampada da terra

desk lamp
la lampada da scrivania

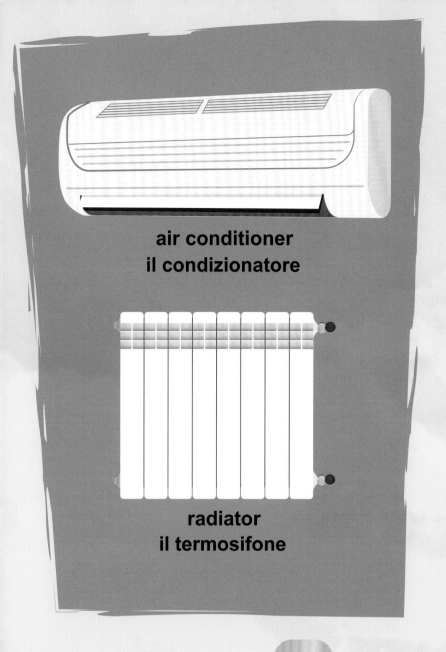

air conditioner
il condizionatore

radiator
il termosifone

electrical outlet
la presa elettrica

key
la chiave

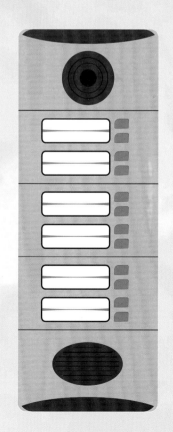

doorbell
il campanello

door handle
la maniglia

door buzzer
il citofono

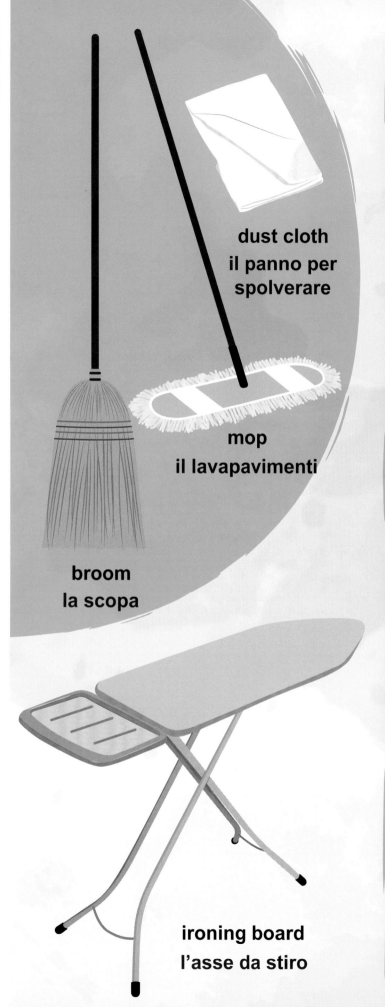

dust cloth
il panno per
spolverare

mop
il lavapavimenti

broom
la scopa

ironing board
l'asse da stiro

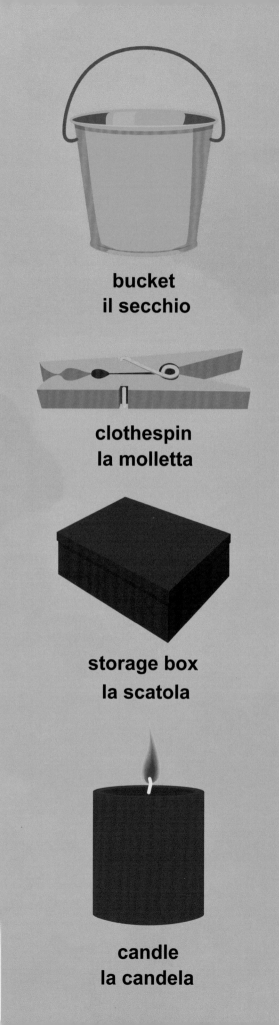

bucket
il secchio

clothespin
la molletta

storage box
la scatola

candle
la candela

flowerpot
il vaso da fiori

doormat
il tappetino

vase
il vaso

clock
l'orologio

jerrycan
la tanica

rubbish bag / garbage bag
il sacchetto per l'immondizia

basket
il cesto

37

dress
il vestito

blouse
la camicetta

hat
il capello

tie
la cravatta

skirt
la gonna

pumps
le scarpe con il tacco

bow tie
la cravatta a farfalla

suit
il completo

shoes
le scarpe

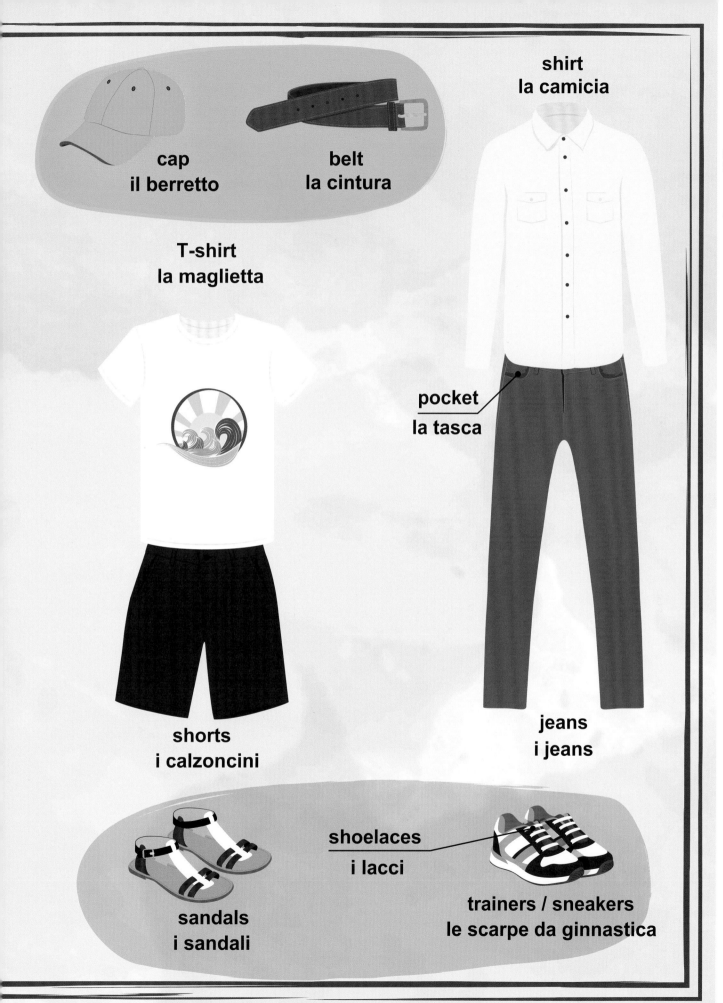

cap
il berretto

belt
la cintura

shirt
la camicia

T-shirt
la maglietta

pocket
la tasca

shorts
i calzoncini

jeans
i jeans

shoelaces
i lacci

sandals
i sandali

trainers / sneakers
le scarpe da ginnastica

bathrobe
l'accappatoio

swimsuit
il costume da bagno

swim trunks
i calzoncini da bagno

flip-flops
le ciabatte
infradito

slippers
le pantofole

sweater
il maglione

cardigan
il cardigan

boots
gli stivali

tracksuit
la tuta sportiva

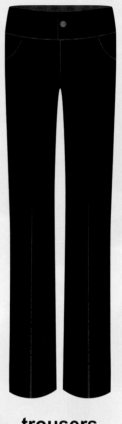

trousers
i pantaloni

coat
il cappotto

gloves
i guanti

scarf
la sciarpa

socks
i calzini

clothes hanger
la stampella

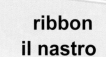

ribbon
il nastro

pins
gli spilli

button
il bottone

zipper
la cerniera lampo

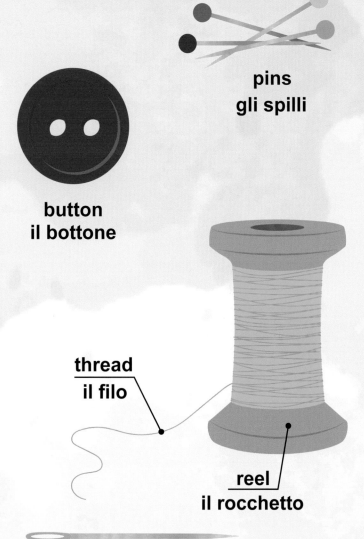

thread
il filo

reel
il rocchetto

sewing needle
l'ago da cucito

safety pin
la spilla da balia

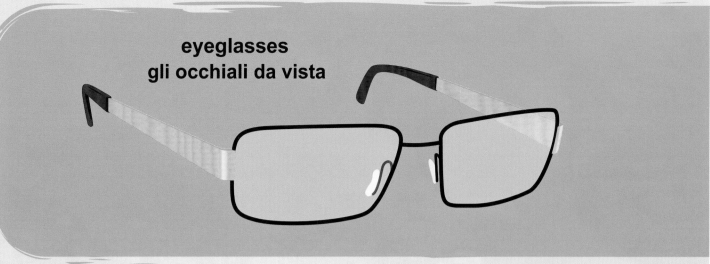

eyeglasses
gli occhiali da vista

passport
il passaporto

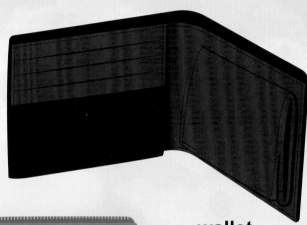

wallet
il portafoglio

purse
il borsellino

sunglasses
gli occhiali da sole

jewelry
la gioielleria

diamond
il diamante

emerald
lo smeraldo

ruby
il rubino

earrings
gli orecchini

necklace
la collana

bracelet
il braccialetto

ring
l'anello

watch
l'orologio da polso

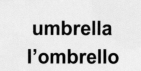

umbrella
l'ombrello

suitcase
la valigia

briefcase
la borsa portadocumenti

handbag
la borsetta

backpack
lo zaino

45

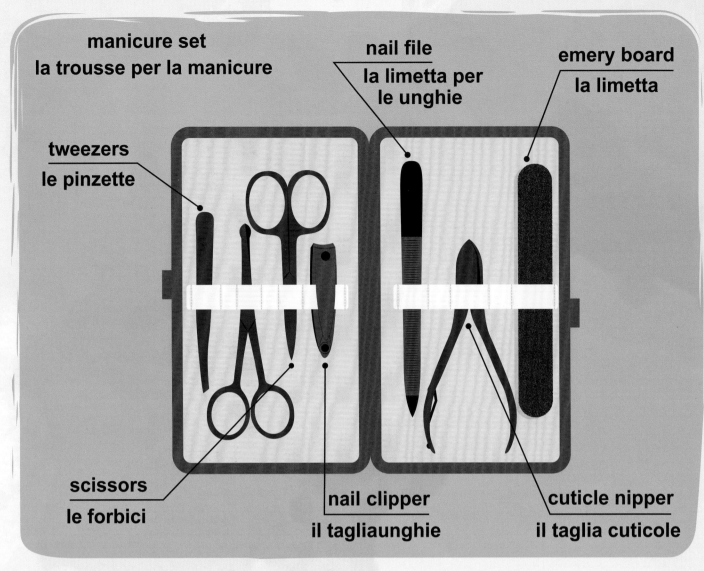

manicure set
la trousse per la manicure

nail file
la limetta per
le unghie

emery board
la limetta

tweezers
le pinzette

scissors
le forbici

nail clipper
il tagliaunghie

cuticle nipper
il taglia cuticole

comb
il pettine

hairbrush
la spazzola

barrette
la forcina

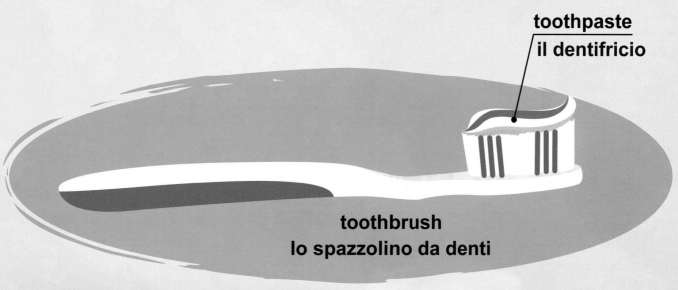

toothpaste
il dentifricio

toothbrush
lo spazzolino da denti

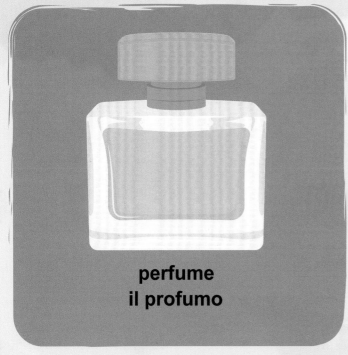

perfume
il profumo

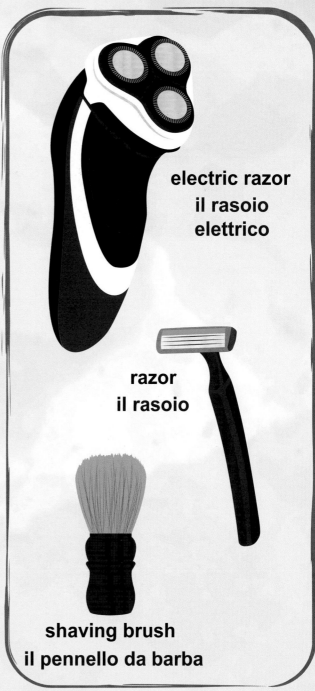

electric razor
il rasoio
elettrico

razor
il rasoio

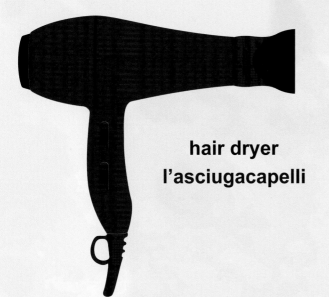

hair dryer
l'asciugacapelli

shaving brush
il pennello da barba

47

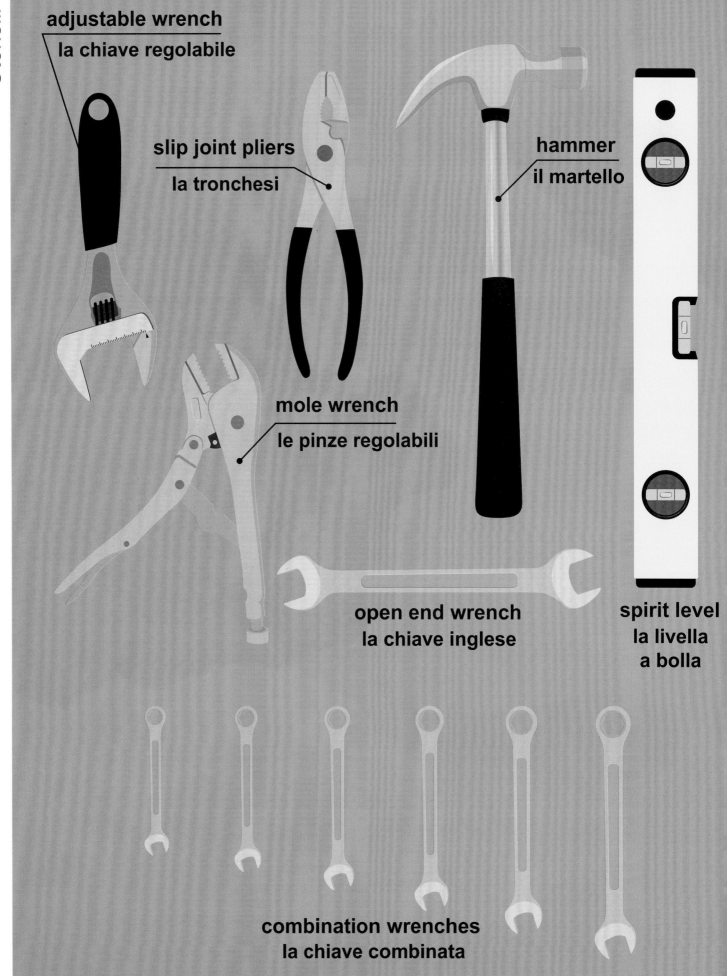

adjustable wrench
la chiave regolabile

slip joint pliers
la tronchesi

hammer
il martello

mole wrench
le pinze regolabili

open end wrench
la chiave inglese

spirit level
**la livella
a bolla**

combination wrenches
la chiave combinata

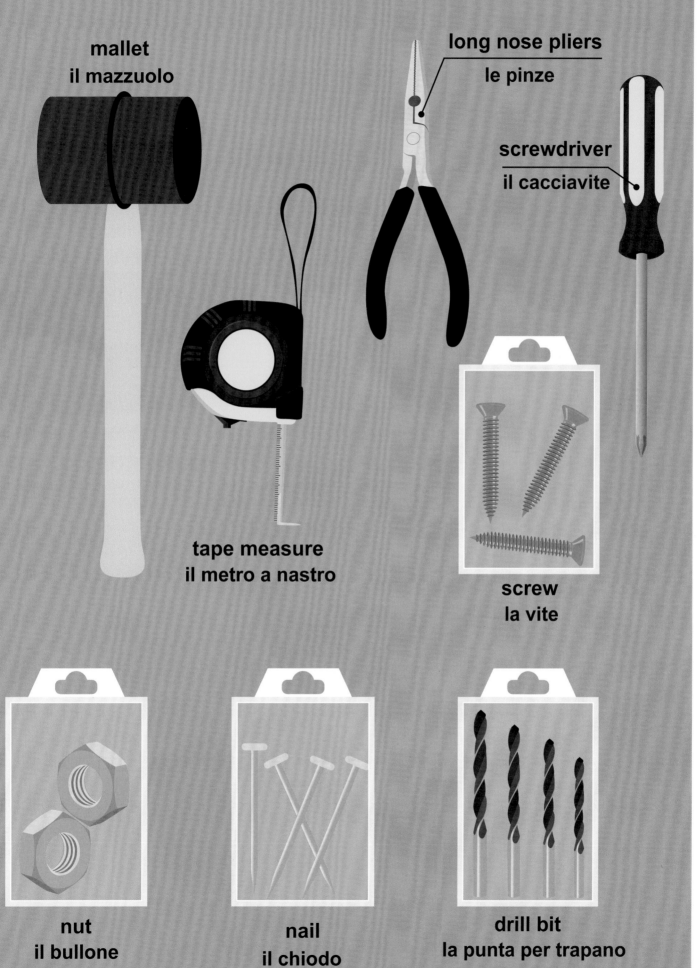

mallet
il mazzuolo

long nose pliers
le pinze

screwdriver
il cacciavite

tape measure
il metro a nastro

screw
la vite

nut
il bullone

nail
il chiodo

drill bit
la punta per trapano

chain
la catena

plug
la spina

padlock
il lucchetto

battery
la pila

toolbox
la cassetta degli attrezzi

car battery
la batteria per auto

electric drill
il trapano elettrico

safety helmet
l'elmetto

torch / flashlight
la torcia

ladder
la scala

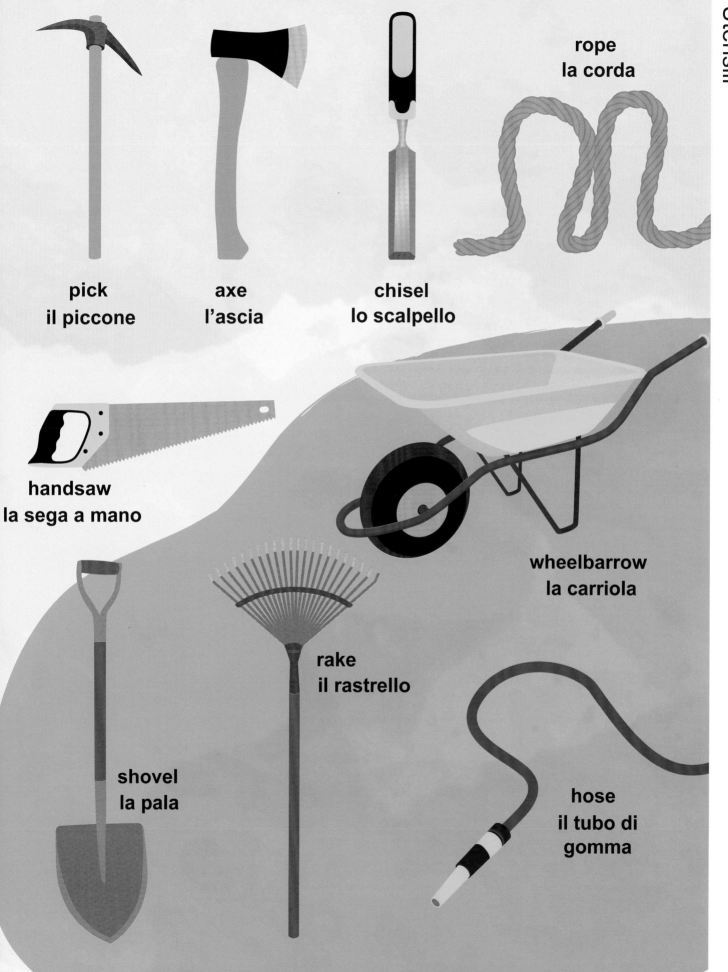

pick
il piccone

axe
l'ascia

chisel
lo scalpello

rope
la corda

handsaw
la sega a mano

wheelbarrow
la carriola

rake
il rastrello

shovel
la pala

hose
il tubo di
gomma

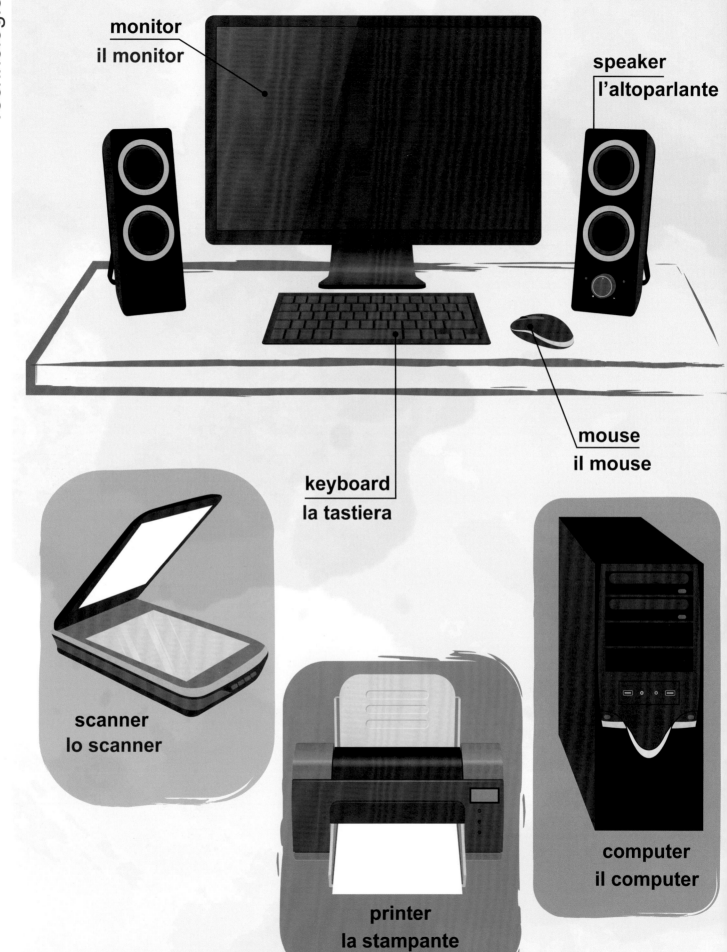

monitor
il monitor

speaker
l'altoparlante

mouse
il mouse

keyboard
la tastiera

scanner
lo scanner

printer
la stampante

computer
il computer

video camera
la videocamera

tablet
il tablet

mobile phone /
cell phone
il telefono cellulare

radio
la radio

microphone
il microfono

earphones
gli auricolari

cable
il cavo

telephone
il telefono

supermarket
il supermercato

restaurant
il ristorante

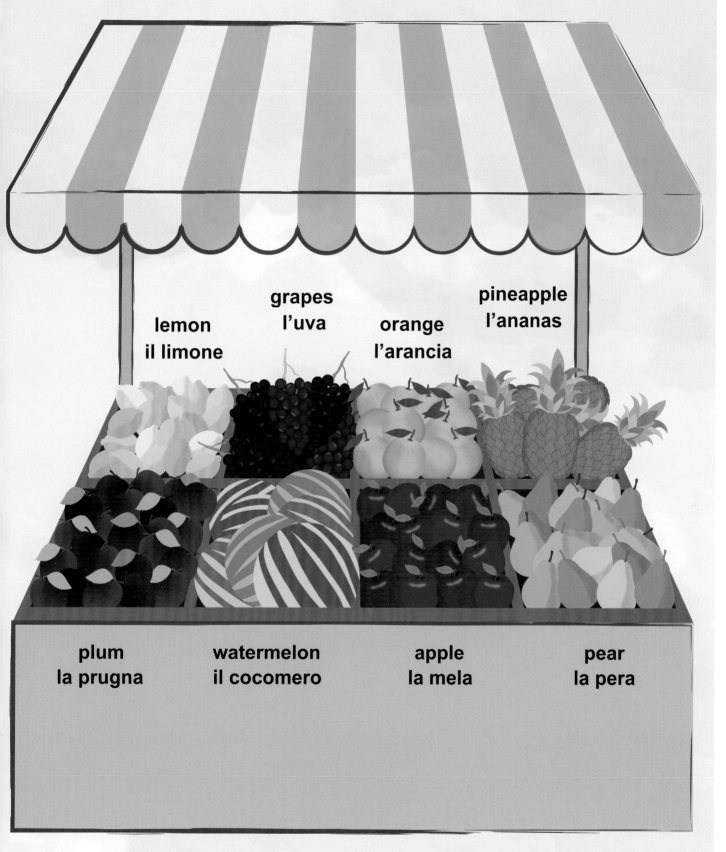

lemon
il limone

grapes
l'uva

orange
l'arancia

pineapple
l'ananas

plum
la prugna

watermelon
il cocomero

apple
la mela

pear
la pera

apricot
l'albicocca

peach
la pesca

banana
la banana

avocado
l'avocado

strawberry
la fragola

cherry
la ciliegia

blackberry
la mora

blueberry
il mirtillo

raspberry
il lampone

kiwi
il kiwi

grapefruit
il pompelmo

mandarin
il mandarino

mango
il mango

pomegranate
la melagrana

quince
la mela
cotogna

melon
il melone

coconut
la noce di cocco

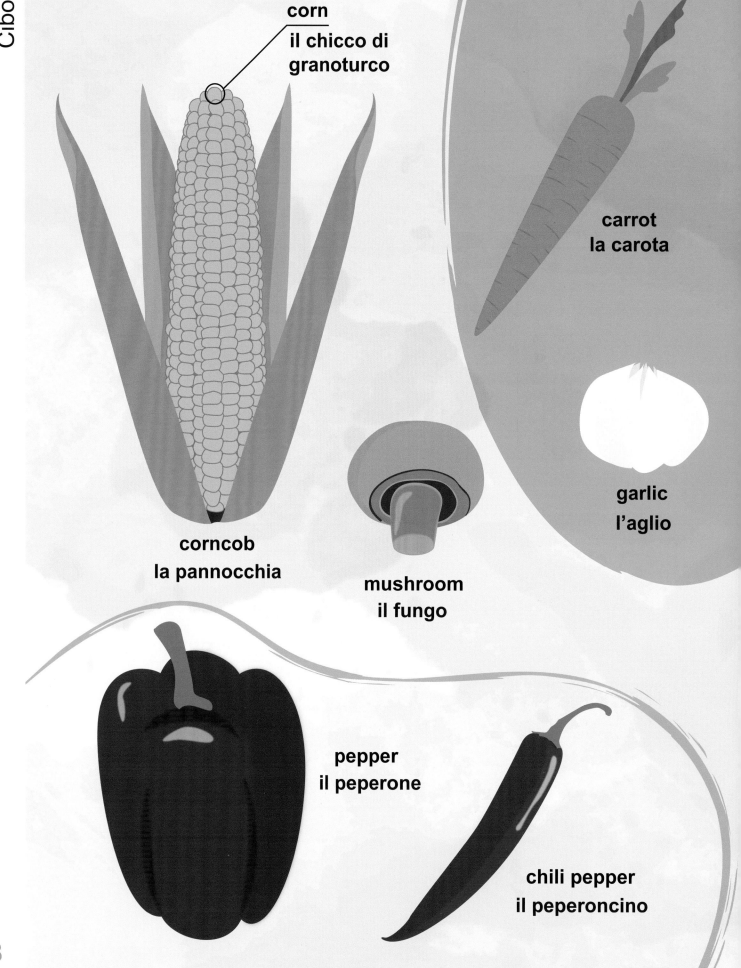

corn
il chicco di
granoturco

carrot
la carota

garlic
l'aglio

corncob
la pannocchia

mushroom
il fungo

pepper
il peperone

chili pepper
il peperoncino

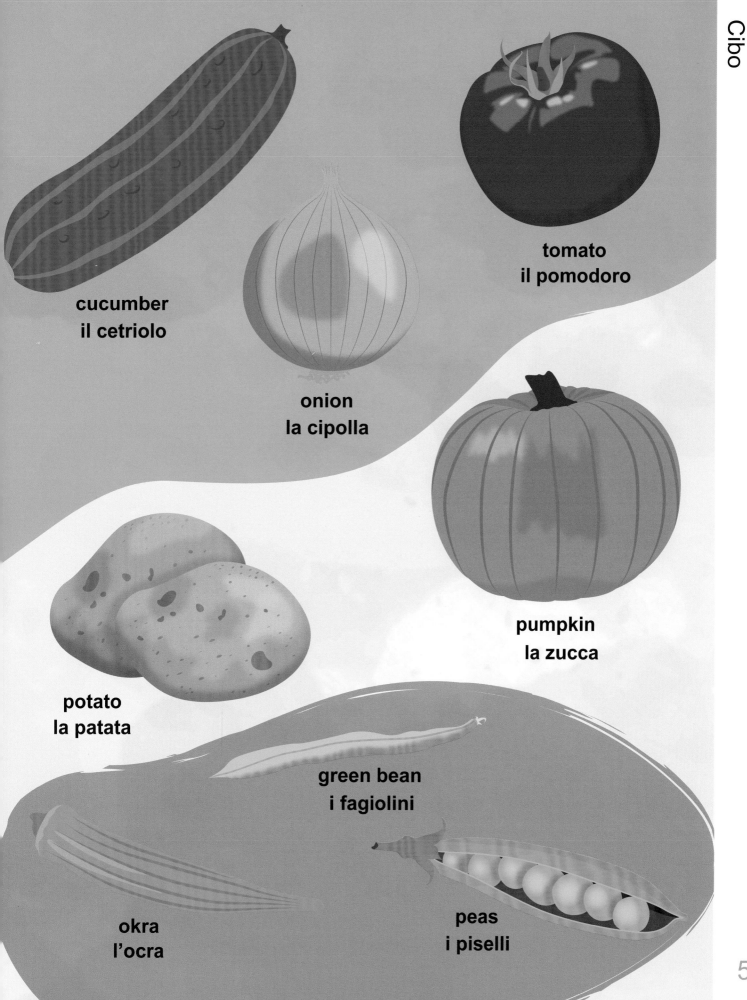

cucumber
il cetriolo

onion
la cipolla

tomato
il pomodoro

pumpkin
la zucca

potato
la patata

green bean
i fagiolini

okra
l'ocra

peas
i piselli

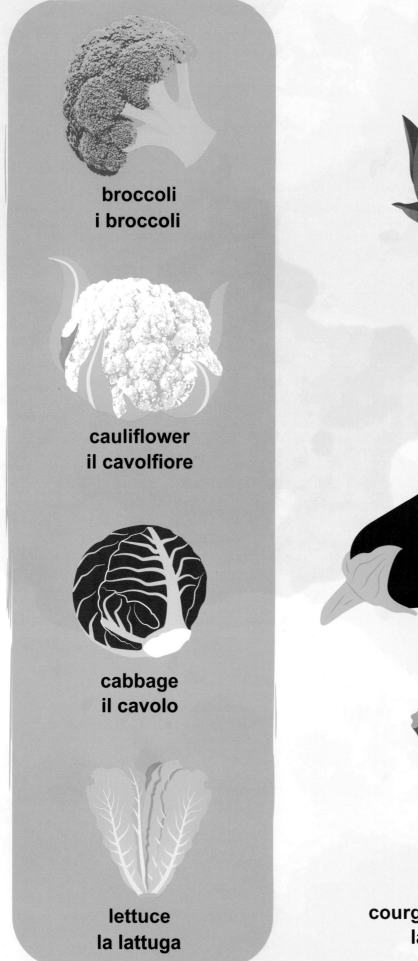

**broccoli
i broccoli**

**cauliflower
il cavolfiore**

**cabbage
il cavolo**

**lettuce
la lattuga**

**artichoke
il carciofo**

**aubergine / eggplant
la melanzana**

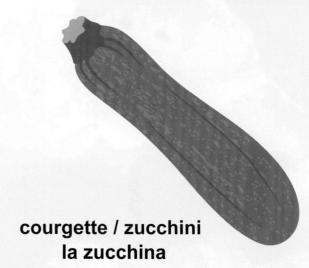

**courgette / zucchini
la zucchina**

green onion
la cipolla
verde

leek
il porro

celery
il sedano

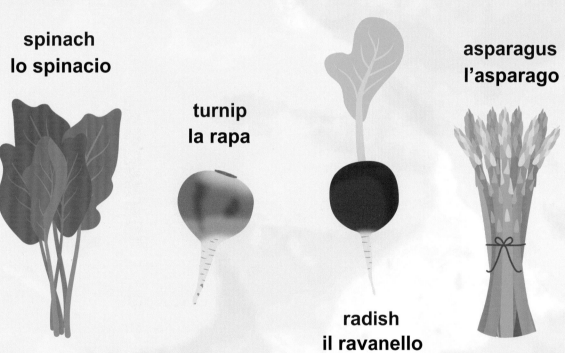

spinach
lo spinacio

turnip
la rapa

asparagus
l'asparago

radish
il ravanello

dill
l'aneto

mint
la menta

parsley
il prezzemolo

61

flour
la farina

bread
il pane

slice of bread
la fetta di pane

sandwich
il sandwich

toast
il pane tostato

pizza
la pizza

burger
l'hamburger

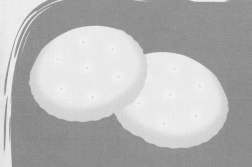  

crackers
il cracker

biscuit
il biscotto

chocolate chip cookie
il biscotto con gocce
di cioccolato

cake
la torta

pie
il tortino

pancakes
la frittella

almond

la mandorla

hazelnut

la nocciola

chestnut

la castagna

pistachio

il pistacchio

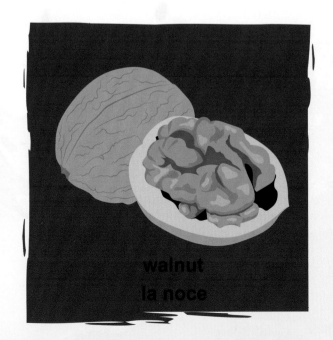

walnut

la noce

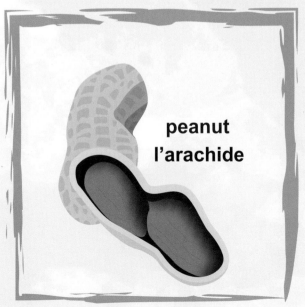

peanut

l'arachide

ground beef
la carne macinata

sausage
la salsiccia

fish
il pesce

chicken
il pollo

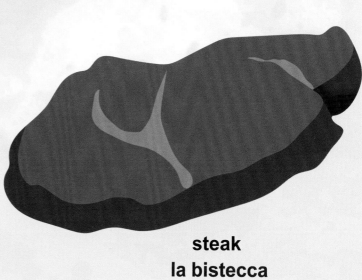

steak
la bistecca

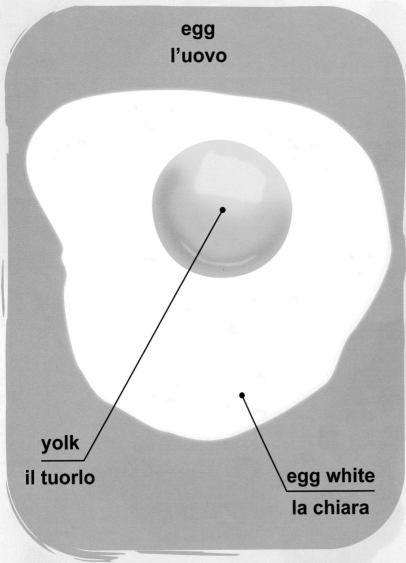

egg
l'uovo

yolk
il tuorlo

egg white
la chiara

pasta
la pasta

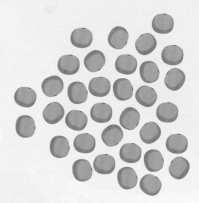

lentils
le lenticchie

rice
il riso

beans
i fagioli

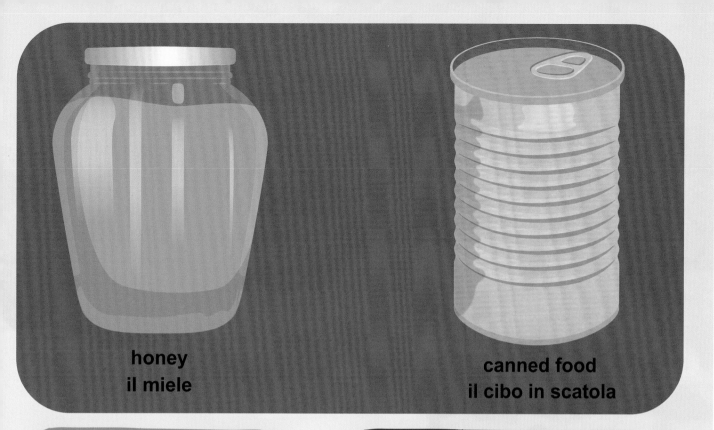

honey
il miele

canned food
il cibo in scatola

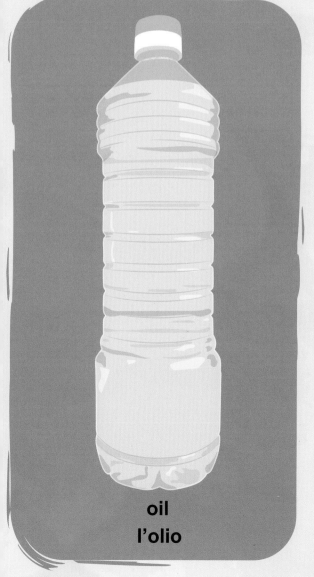

oil
l'olio

olive
l'oliva

olive oil
l'olio d'oliva

salad
l'insalata

salt
il sale

pepper
il pepe nero

snacks
gli stuzzichini

soup
la zuppa

chips / fries
le patatine fritte

sugar
lo zucchero

breakfast
la colazione

chocolate
il cioccolato

candy
i dolciumi

ice cream
il gelato

dessert
il dessert

popcorn
il popcorn

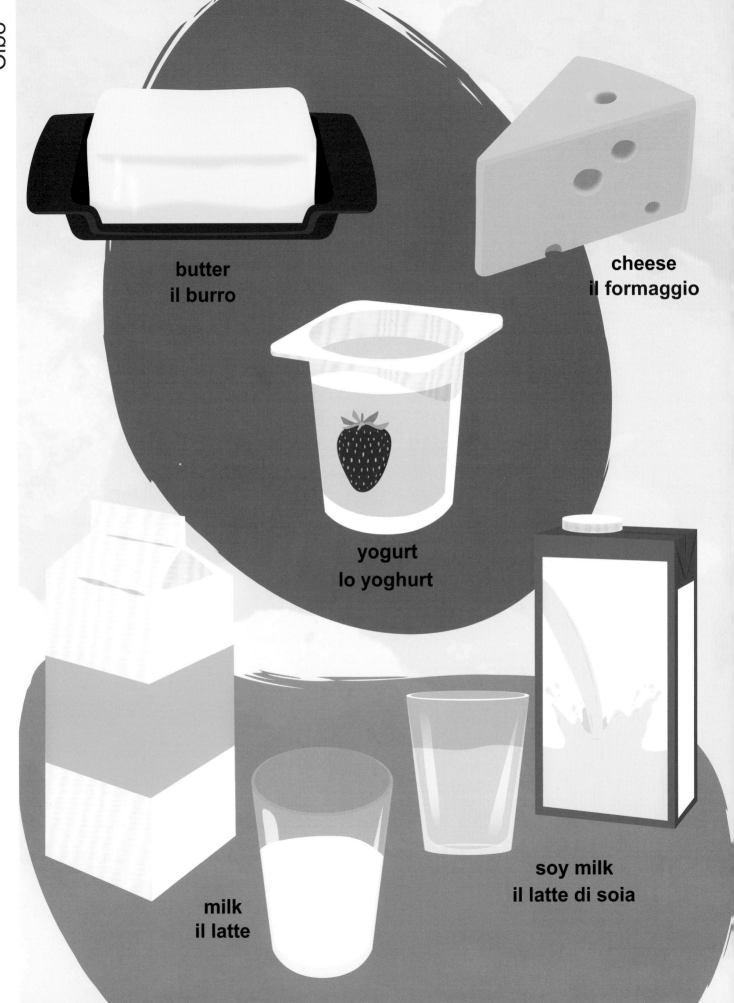

butter
il burro

cheese
il formaggio

yogurt
lo yoghurt

soy milk
il latte di soia

milk
il latte

water
l'acqua

fruit juice
il succo di frutta

lemonade
la limonata

ice cube
il cubetto
di ghiaccio

orange juice
il succo d'arancia

coffee
il caffè

tea
il tè

car
l'automobile

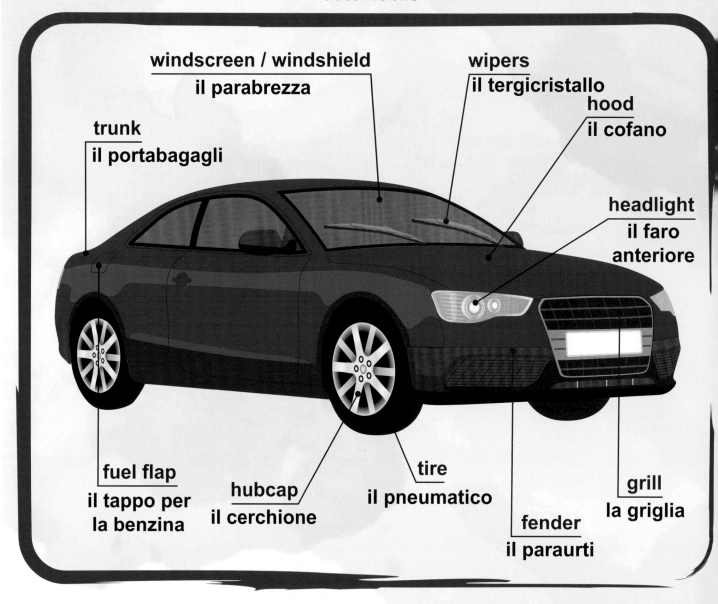

windscreen / windshield
il parabrezza

wipers
il tergicristallo

hood
il cofano

trunk
il portabagagli

headlight
il faro
anteriore

fuel flap
il tappo per
la benzina

hubcap
il cerchione

tire
il pneumatico

grill
la griglia

fender
il paraurti

steering wheel
il volante

engine
il motore

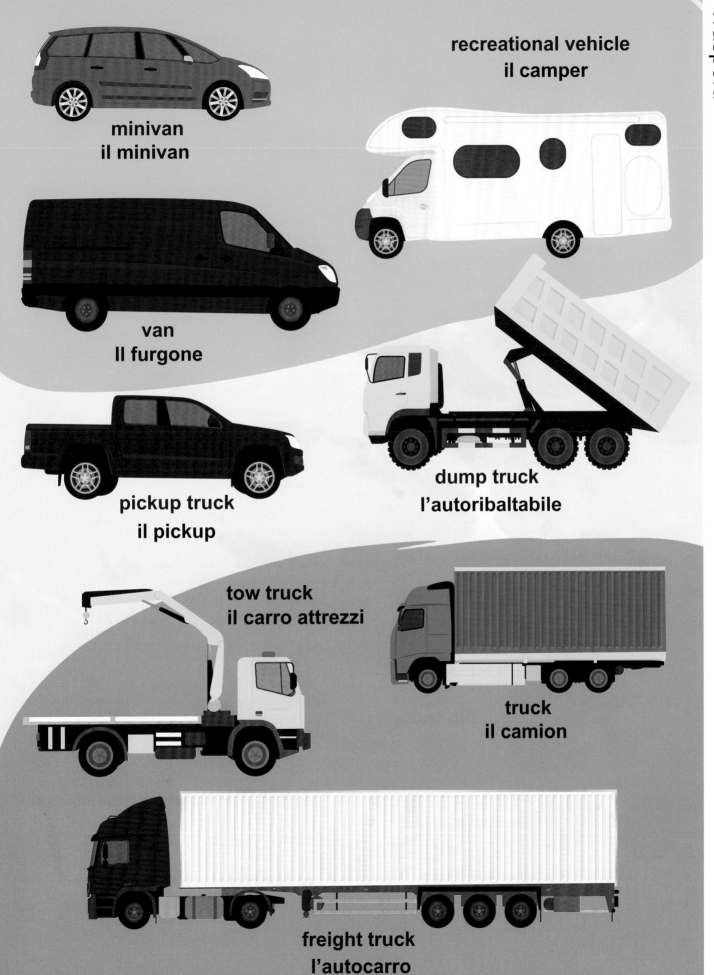

minivan
il minivan

recreational vehicle
il camper

van
Il furgone

pickup truck
il pickup

dump truck
l'autoribaltabile

tow truck
il carro attrezzi

truck
il camion

freight truck
l'autocarro

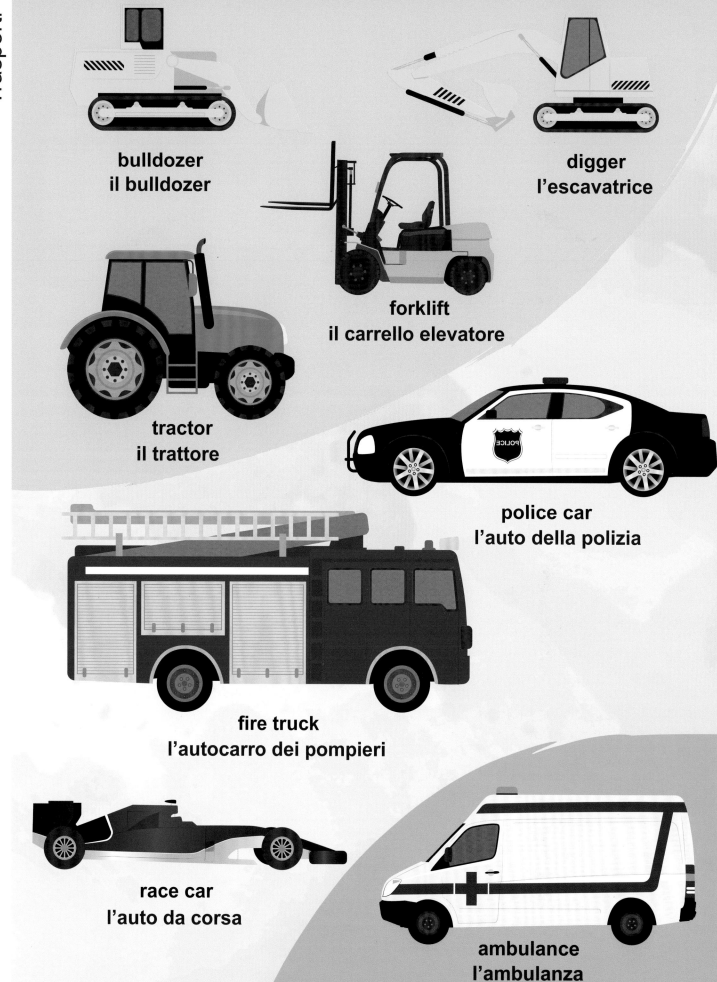

bulldozer
il bulldozer

digger
l'escavatrice

forklift
il carrello elevatore

tractor
il trattore

police car
l'auto della polizia

fire truck
l'autocarro dei pompieri

race car
l'auto da corsa

ambulance
l'ambulanza

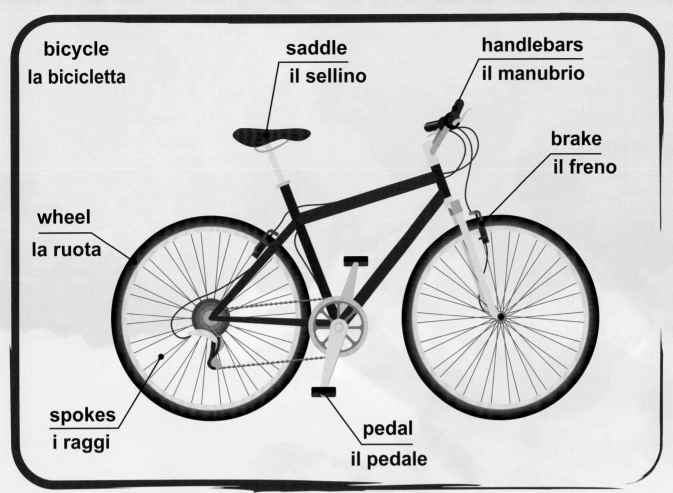

bicycle
la bicicletta

saddle
il sellino

handlebars
il manubrio

brake
il freno

wheel
la ruota

spokes
i raggi

pedal
il pedale

scooter
la scooter

motorcycle
la motocicletta

stroller
il passeggino

sled
la slitta

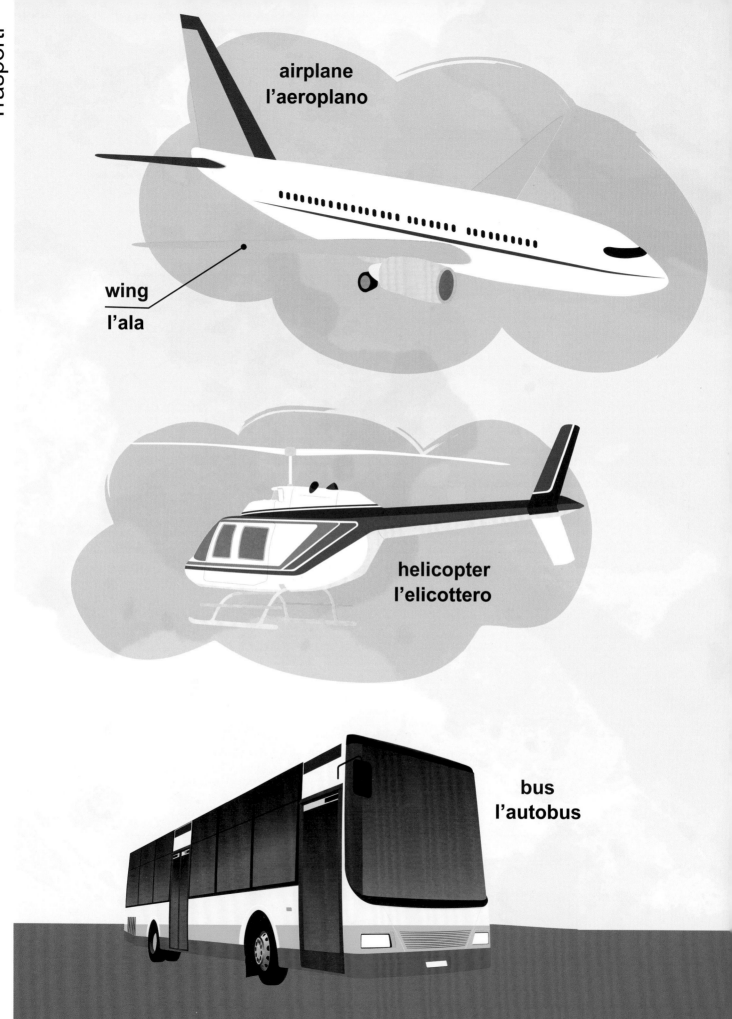

airplane
l'aeroplano

wing
l'ala

helicopter
l'elicottero

bus
l'autobus

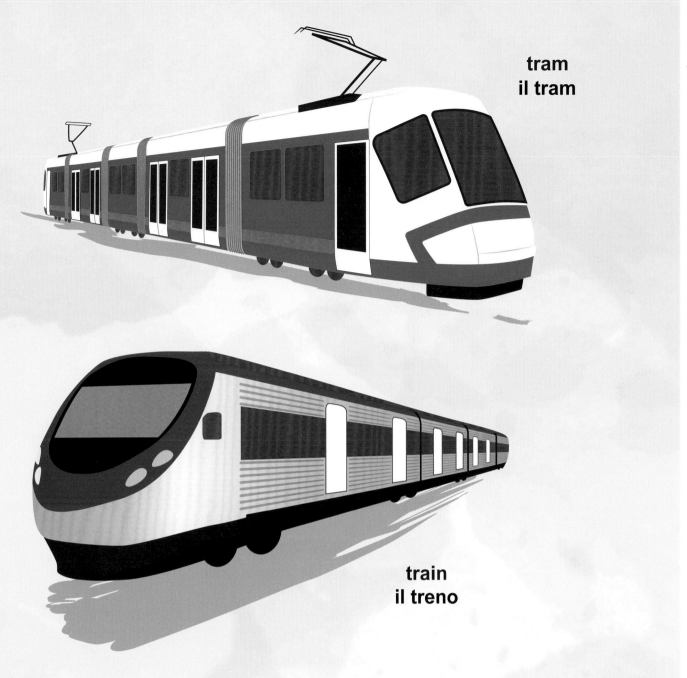

tram
il tram

train
il treno

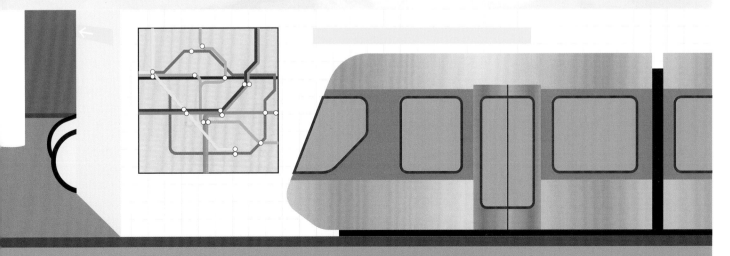

underground / subway
la metropolitana

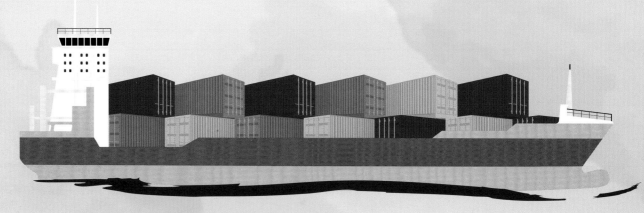

container ship
la portacontainer

cruise ship
la nave da crociera

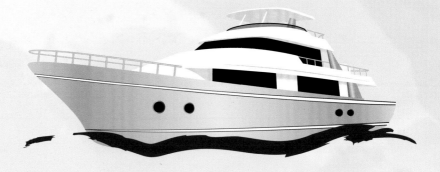

yacht
lo yacht

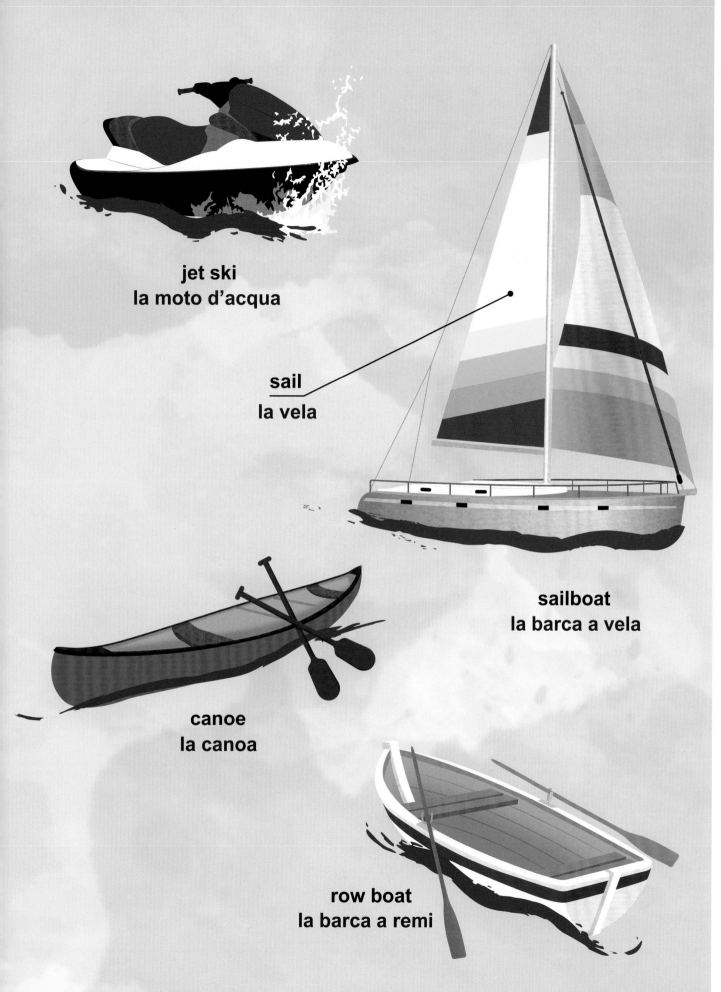

jet ski
la moto d'acqua

sail
la vela

sailboat
la barca a vela

canoe
la canoa

row boat
la barca a remi

airport
l'aeroporto

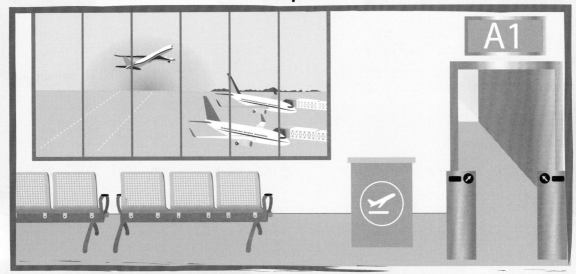

street
la strada

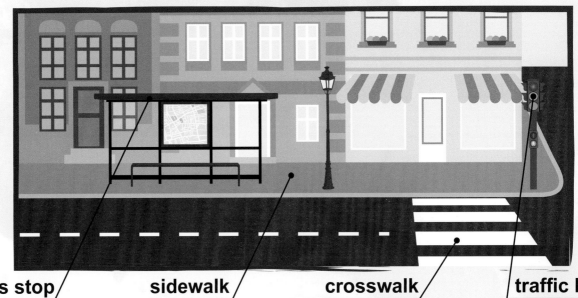

bus stop
la fermata dell'autobus

sidewalk
il marciapiede

crosswalk
le strisce pedonali

traffic light
il semaforo

road
la strada

highway
la superstrada

traffic
il traffico

garage
il garage

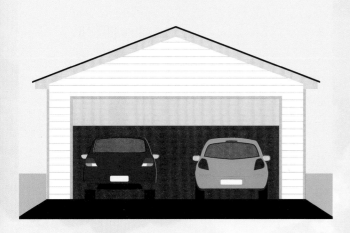

petrol station / gas station
la stazione di servizio

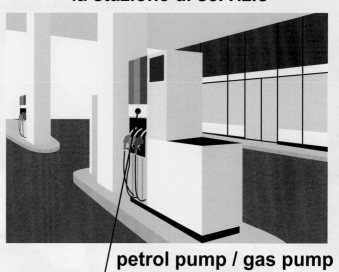

petrol pump / gas pump

la pompa di benzina

train station
la stazione ferroviaria

railroad track
il binario

bridge
il ponte

pier
il molo

port
il porto

fuchsia
la fucsia

camellia
la camelia

daisy
la margherita

cotton
il cotone

bud
il germoglio

begonia
la begonia

carnation
il garofano

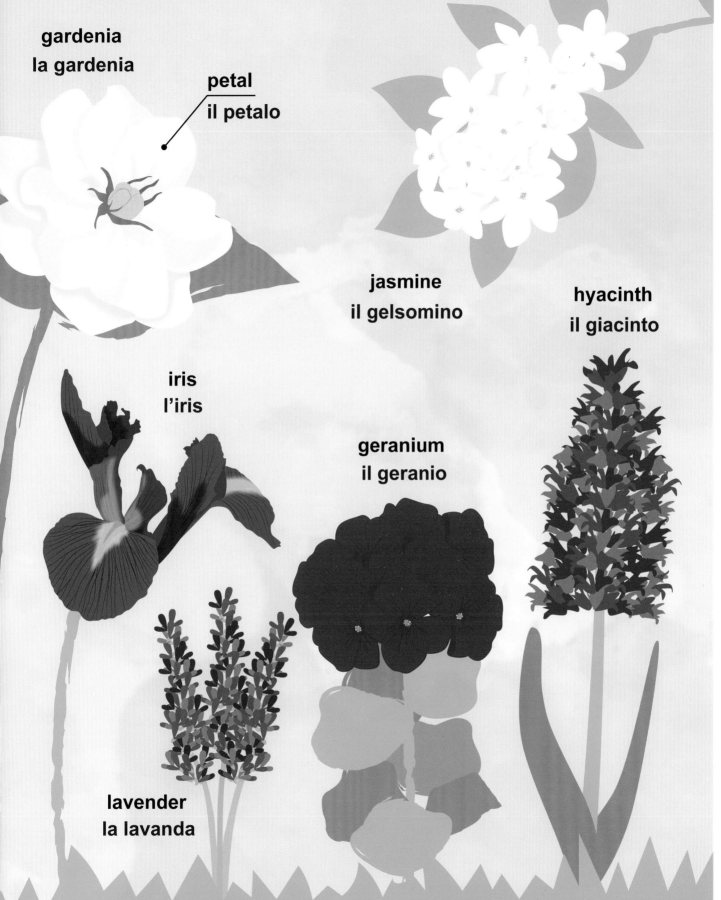

gardenia
la gardenia

petal
il petalo

jasmine
il gelsomino

hyacinth
il giacinto

iris
l'iris

geranium
il geranio

lavender
la lavanda

magnolia
la magnolia

snapdragon
la bocca
di leone

nettle
l'ortica

poppy
il papavero

daffodil
il narciso

lilac
il lillà

moss
il muschio

grass
l'erba

orchid
l'orchidea

rose
la rosa

sunflower
il girasole

tulip
il tulipano

snowdrop
il bucaneve

water lily
la ninfea

pine cone
la pigna

oats
l'avena

wheat
il grano

rye
la segale

palm tree
la palma

cactus
il cactus

grape tree
il vigneto

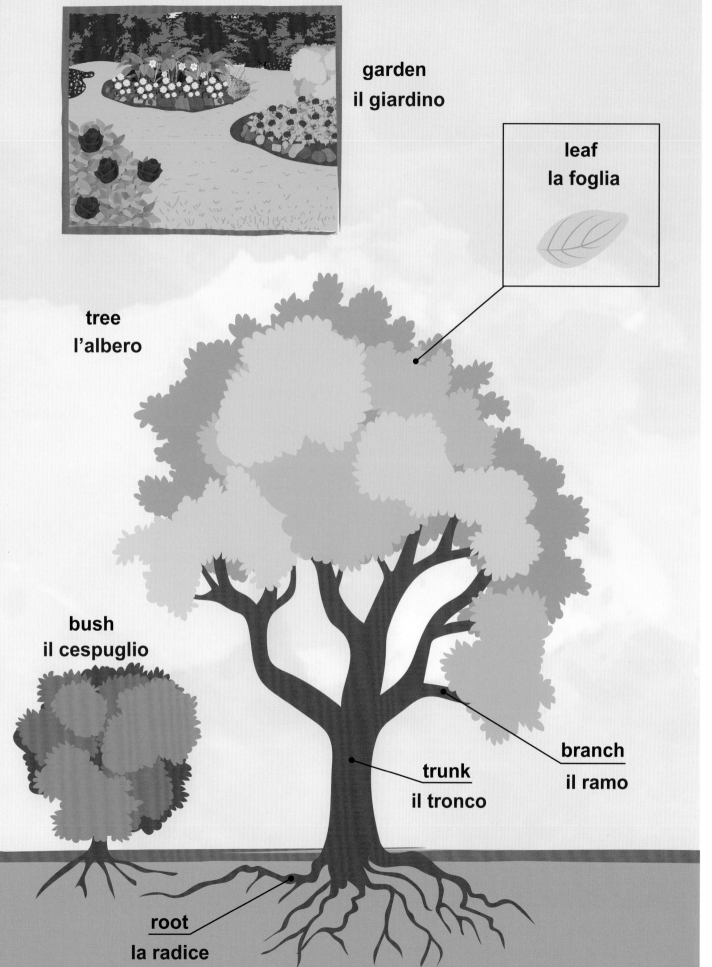

garden
il giardino

leaf
la foglia

tree
l'albero

bush
il cespuglio

branch
il ramo

trunk
il tronco

root
la radice

barn
la stalla

countryside
la campagna

farm
la fattoria

hay
il fieno

wood
il legno

log
il ceppo

harvest
il raccolto

field
il campo

island
l'isola

sand
la sabbia

beach
la spiaggia

lake
il lago

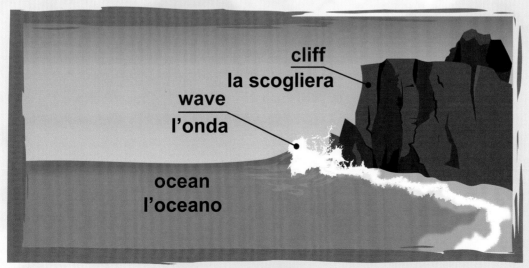

cliff
la scogliera

wave
l'onda

ocean
l'oceano

coast
la costa

wetland
la palude

dam
la barriera

waterfall
la cascata

forest
la foresta

path
il sentiero

desert
il deserto

cave
la caverna

jungle
la giungla

soil
il terreno

fossil
il fossile

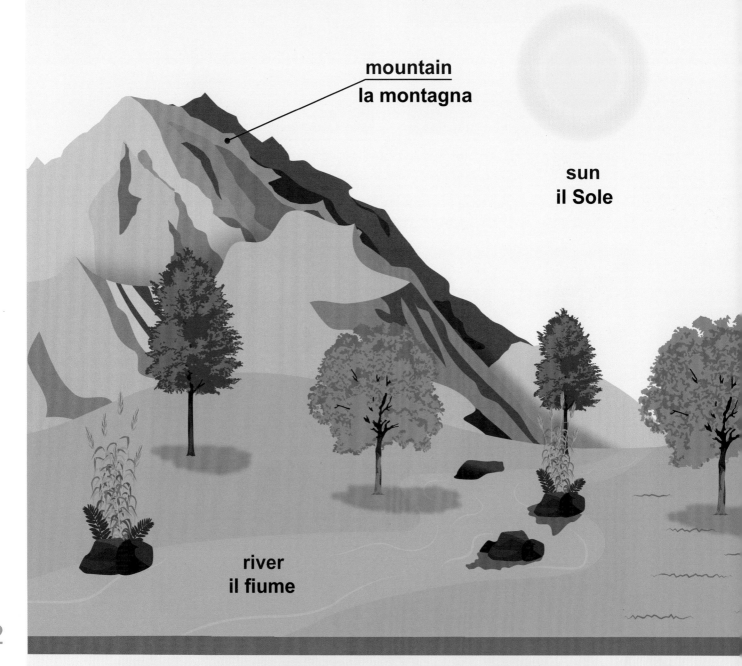

mountain
la montagna

sun
il Sole

river
il fiume

pebbles
i ciottoli

stone
la pietra

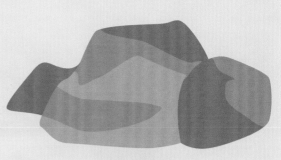

rock
la roccia

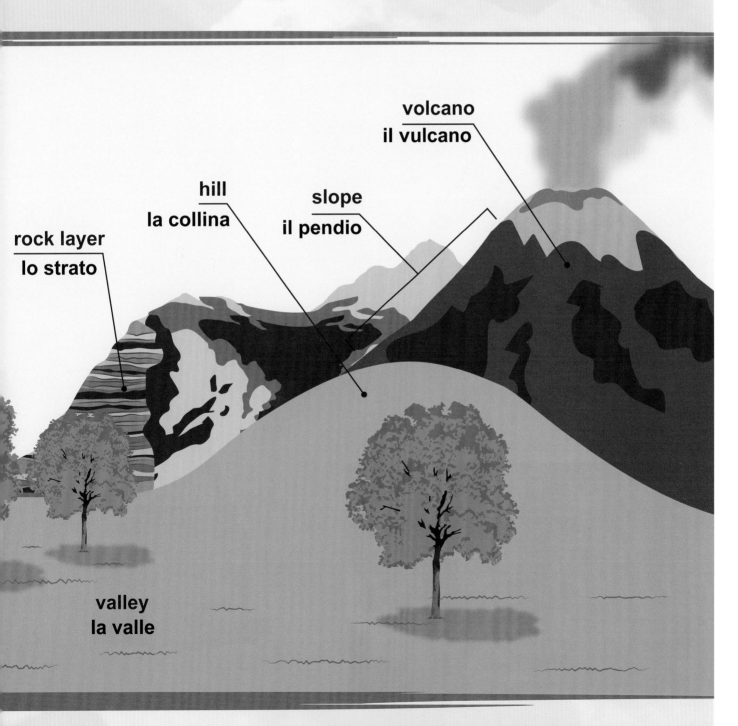

volcano
il vulcano

hill
la collina

slope
il pendio

rock layer
lo strato

valley
la valle

disaster
il disastro

hurricane
l'uragano

flood
l'alluvione

earthquake

il terremoto

tornado
il tornado

fire

il fuoco

flame
la fiamma

ember
la brace

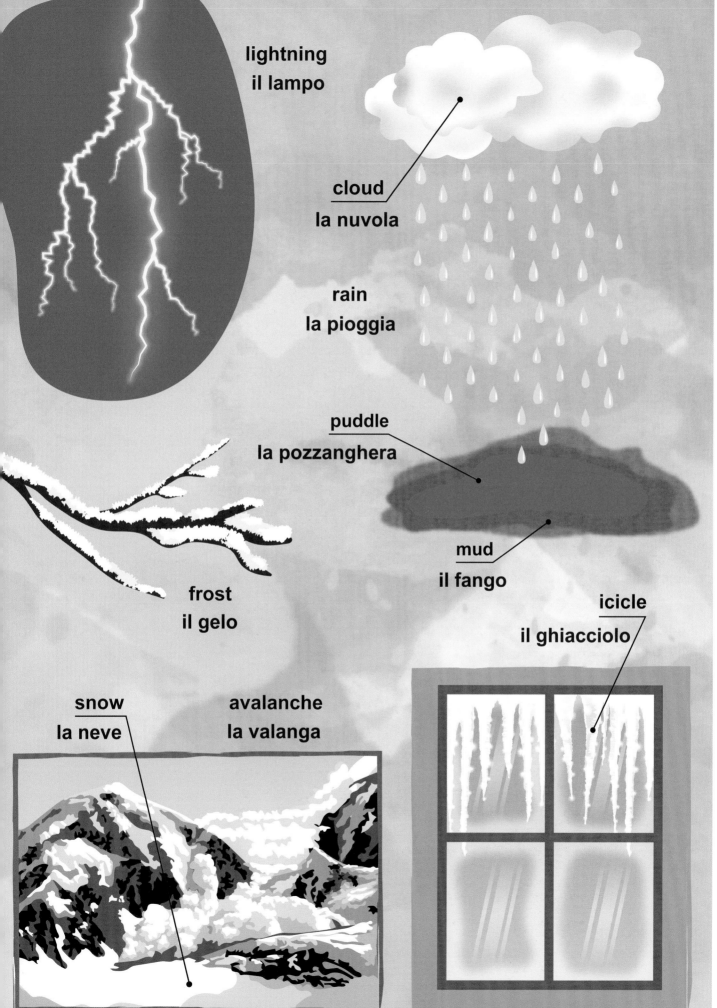

lightning
il lampo

cloud
la nuvola

rain
la pioggia

puddle
la pozzanghera

mud
il fango

icicle
il ghiacciolo

frost
il gelo

snow
la neve

avalanche
la valanga

continents
i Continenti

North America
il Nord America

Europe
l'Europa

South America
il Sudamerica

Antarctica
l'Antartico

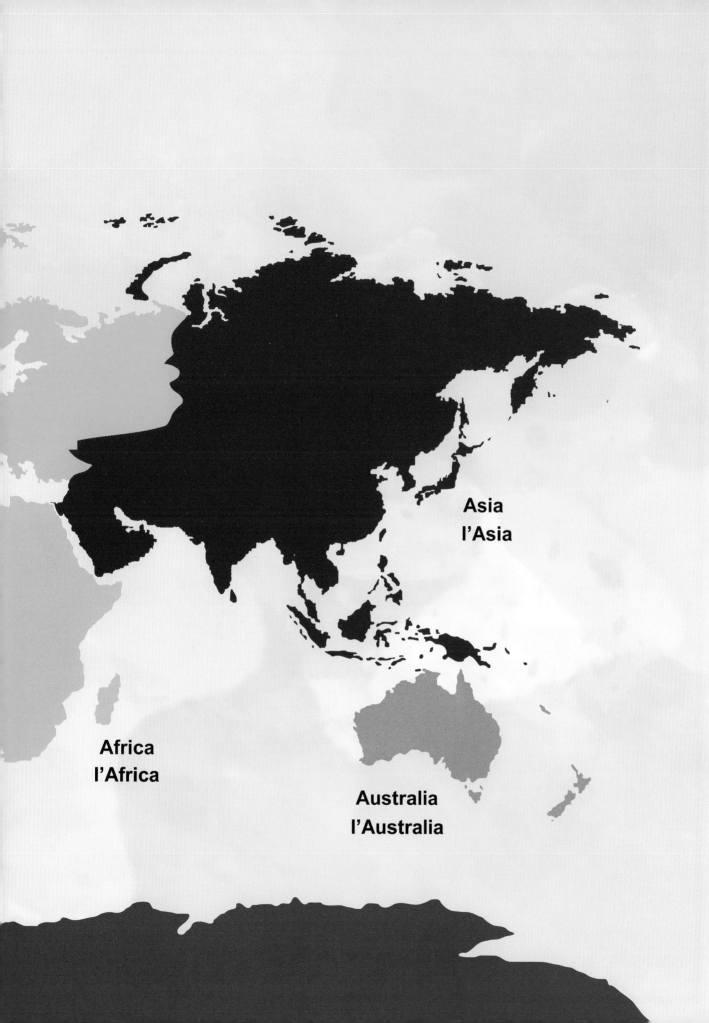

Asia
l'Asia

Africa
l'Africa

Australia
l'Australia

solar system
il sistema solare

Moon
la Luna

Venus
Venere

Earth
la Terra

Mercury
Mercurio

Neptune
Nettuno

Mars
Marte

Sun
il Sole

Uranus
Urano

Saturn
Saturno

Jupiter
Giove

galaxy
la galassia

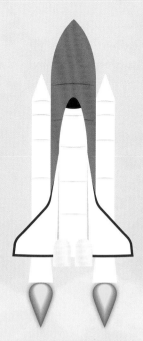

space shuttle
l'astronave

space station
la stazione spaziale

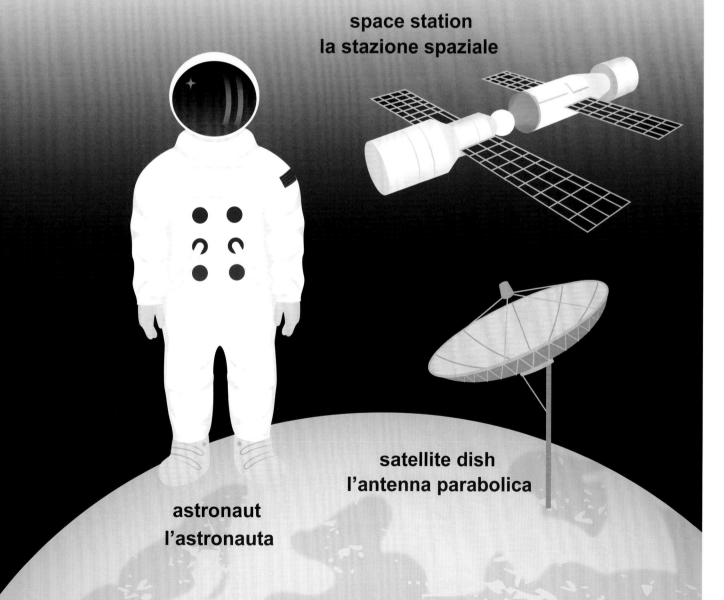

satellite dish
l'antenna parabolica

astronaut
l'astronauta

American football
il football americano

basketball
la pallacanestro

weightlifting
il sollevamento pesi

archery
il tiro con l'arco

judo
lo judo

wrestling
il wrestling

baseball
il baseball

football / soccer
il calcio

cycling
il ciclismo

hang gliding
il parapendio

scuba diving
l'immersione subacquea

fencing
la scherma

cricket
il cricket

marathon
la maratona

stadium
lo stadio

sprint
la corsa

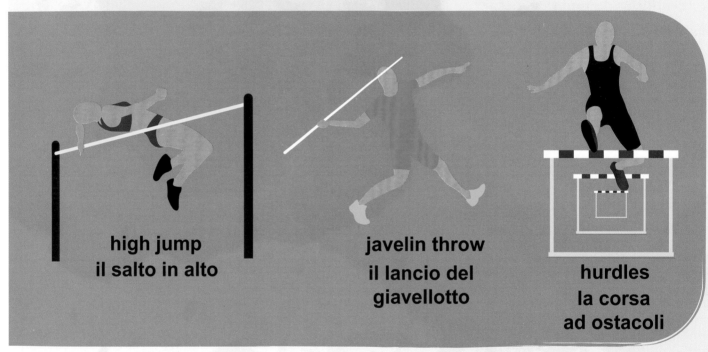

high jump
il salto in alto

javelin throw
**il lancio del
giavellotto**

hurdles
**la corsa
ad ostacoli**

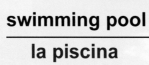

waterpolo
la pallanuoto

swimming pool
la piscina

swimming
il nuoto

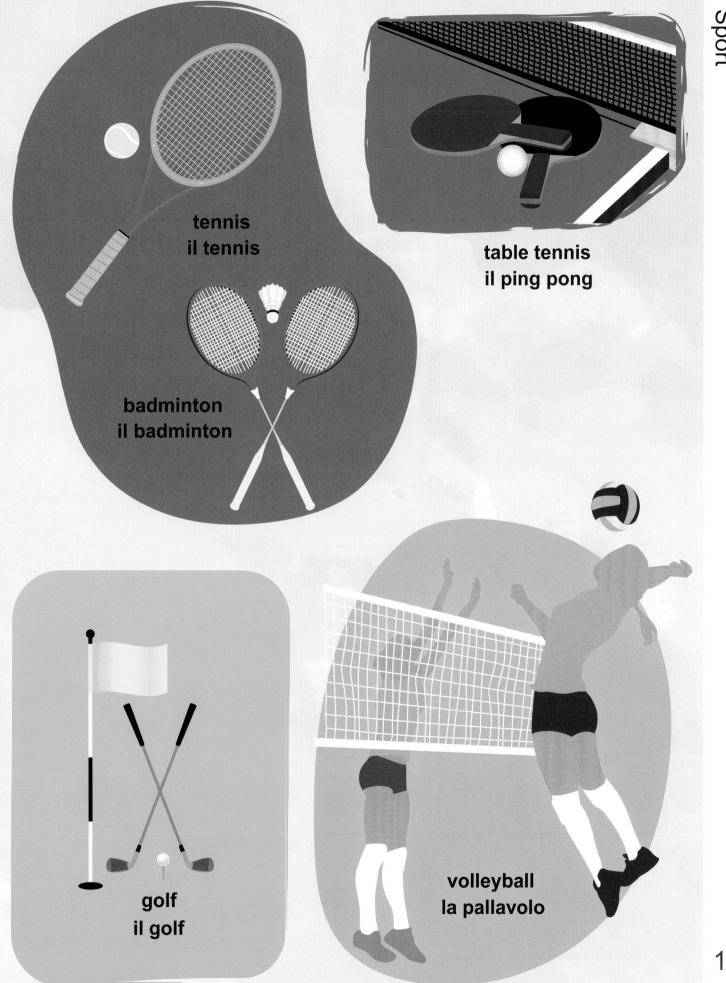

tennis
il tennis

table tennis
il ping pong

badminton
il badminton

golf
il golf

volleyball
la pallavolo

mountain climbing
l'alpinismo

snowboarding
lo snowboard

skiing
lo sci

ice hockey
l'hockey sul ghiaccio

rowing
il canottaggio

sailing
la vela

rafting
il rafting

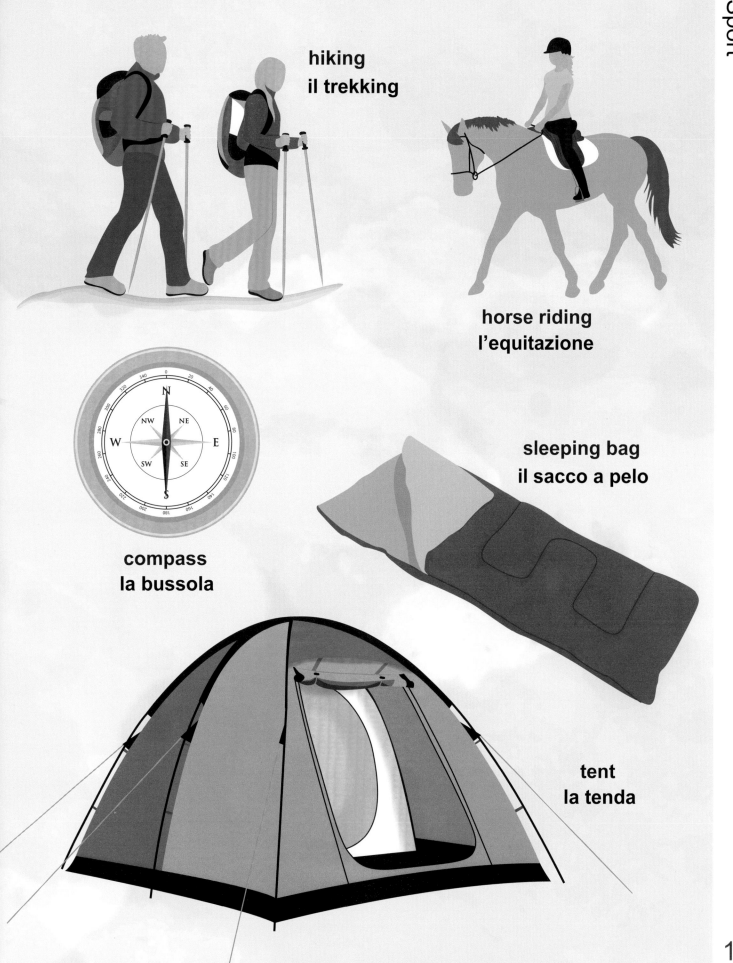

hiking
il trekking

horse riding
l'equitazione

sleeping bag
il sacco a pelo

compass
la bussola

tent
la tenda

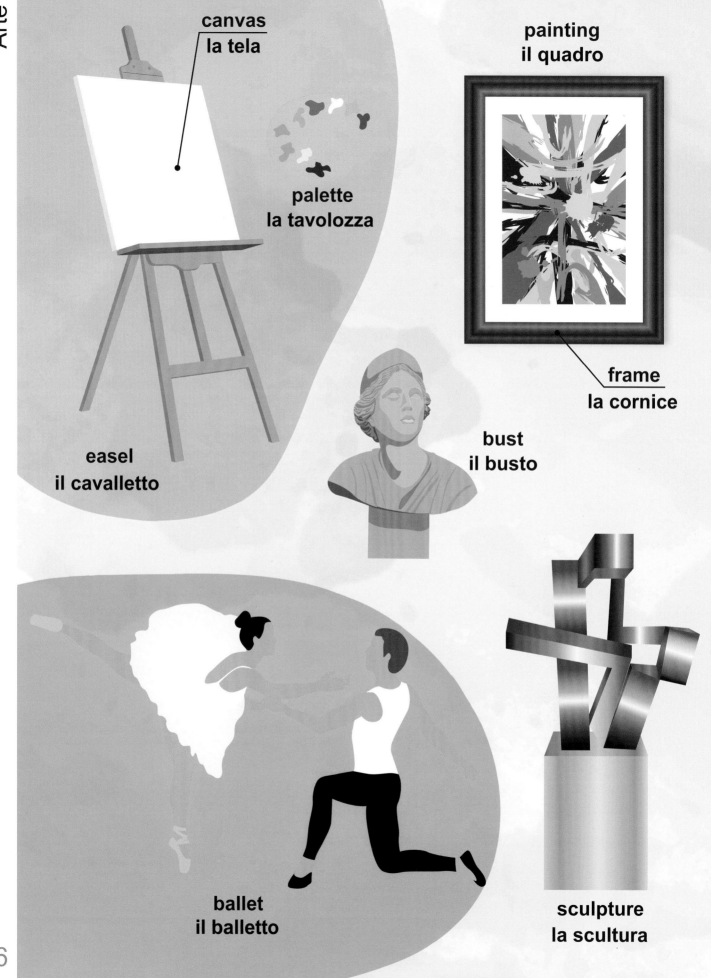

canvas
la tela

painting
il quadro

palette
la tavolozza

frame
la cornice

bust
il busto

easel
il cavalletto

ballet
il balletto

sculpture
la scultura

auditorium
l'auditorium

orchestra
l'orchestra

stage
il palco

concert
il concerto

audience
il pubblico

cinema
il cinema

museum
il museo

theater
il teatro

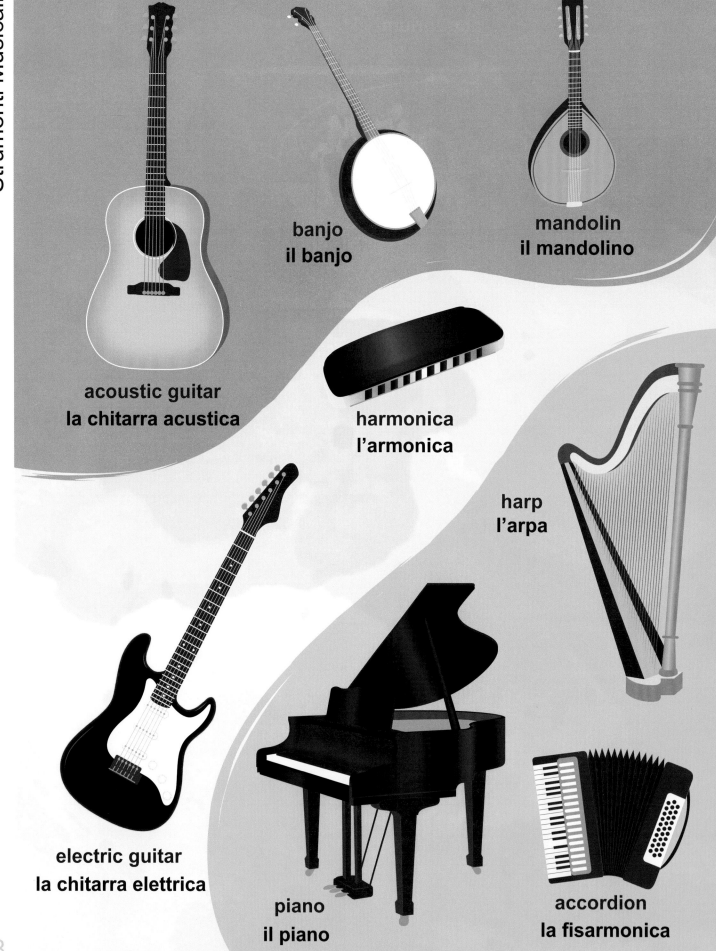

banjo
il banjo

mandolin
il mandolino

acoustic guitar
la chitarra acustica

harmonica
l'armonica

harp
l'arpa

electric guitar
la chitarra elettrica

piano
il piano

accordion
la fisarmonica

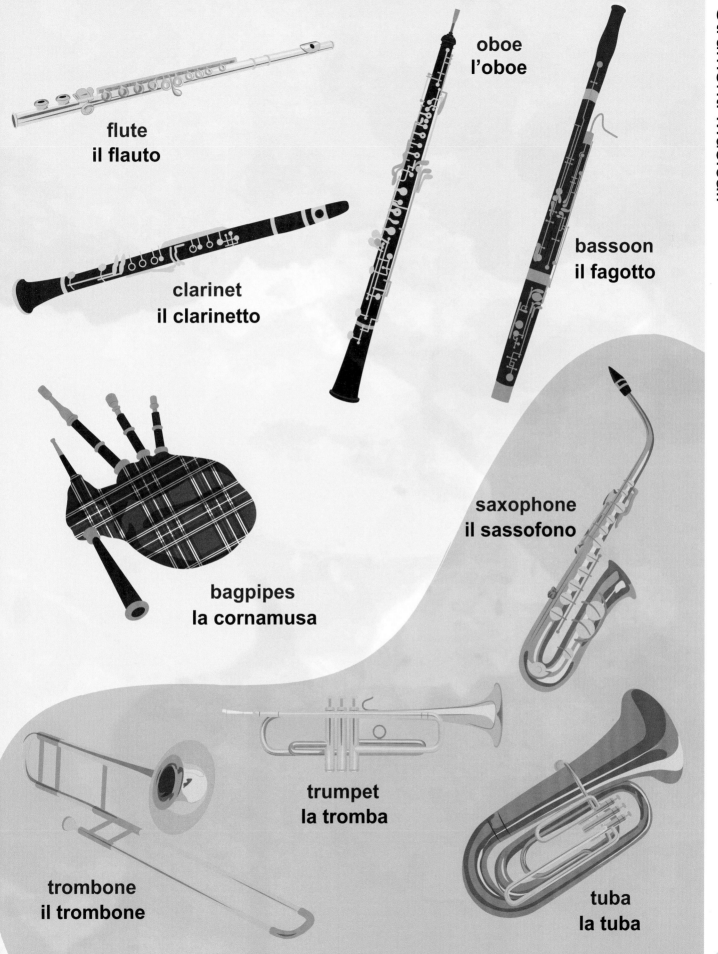

flute
il flauto

oboe
l'oboe

bassoon
il fagotto

clarinet
il clarinetto

bagpipes
la cornamusa

saxophone
il sassofono

trumpet
la tromba

trombone
il trombone

tuba
la tuba

drum kit
la batteria

snare drum
il rullante

cymbal
il piatto

bass drum
la grancassa

drumsticks
le bacchette

tambourine
il tamburello

bongo drums
i bonghi

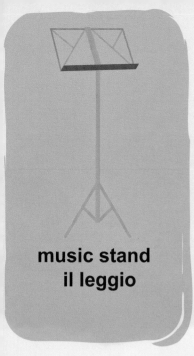

**music stand
il leggio**

**metronome
il metronomo**

**tuning fork
il diapason**

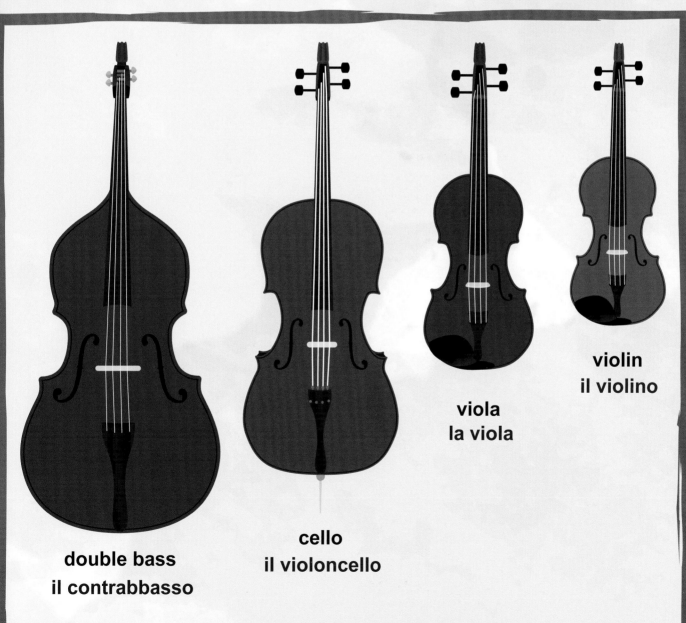

**violin
il violino**

**viola
la viola**

**cello
il violoncello**

**double bass
il contrabbasso**

one o'clock
l'una

one fifteen /
quarter past one
l'una e un quarto

hour hand
**la lancetta
delle ore**

minute hand
**la lancetta
dei minuti**

second hand
la lancetta dei secondi

one thirty /
half past one
l'una e mezzo

one forty-five /
quarter to two
le due meno un quarto

dawn
l'alba

sunrise
il sorgere del Sole

evening
la sera

dusk
il crepuscolo

night
la notte

midnight
la mezzanotte

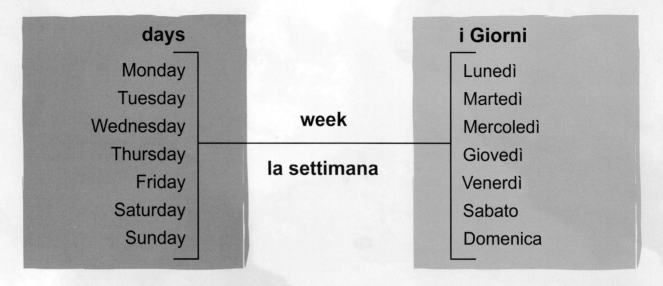

days	week	i Giorni
Monday		Lunedì
Tuesday		Martedì
Wednesday	**week**	Mercoledì
Thursday		Giovedì
Friday	**la settimana**	Venerdì
Saturday		Sabato
Sunday		Domenica

months	year	i mesi
January		Gennaio
February		Febbraio
March		Marzo
April		Aprile
May		Maggio
June	**year**	Giugno
July	**l'anno**	Luglio
August		Agosto
September		Settembre
October		Ottobre
November		Novembre
December		Dicembre

2016
2026
decade
la decade

2016
2116
century
il secolo

2016
3016
millennium
il millennio

seasons
le stagioni

spring
la primavera

summer
l'estate

fall
l'autunno

winter
l'inverno

classroom
l'aula

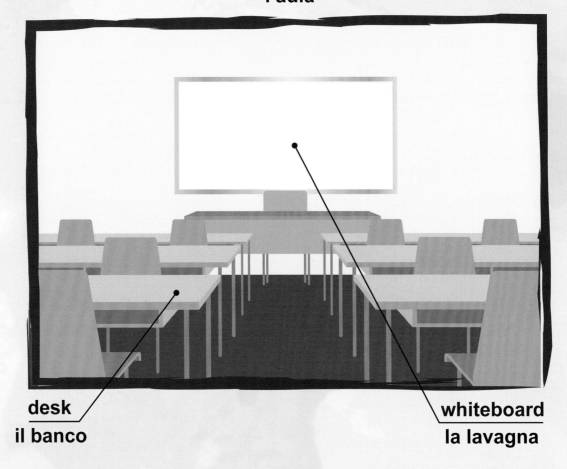

desk
il banco

whiteboard
la lavagna

library
la biblioteca

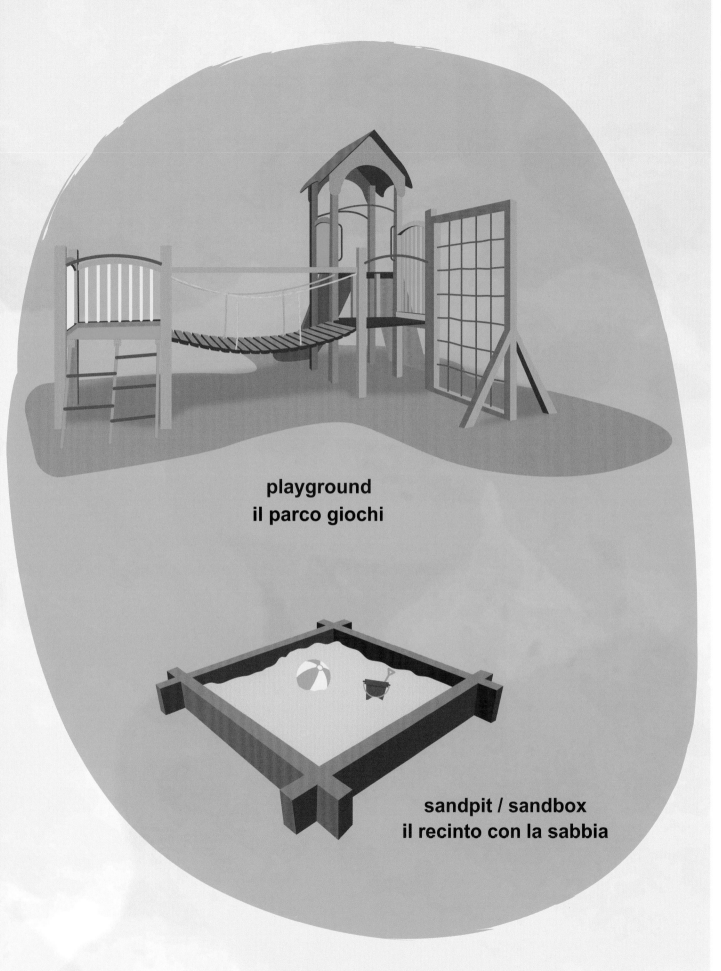

playground
il parco giochi

sandpit / sandbox
il recinto con la sabbia

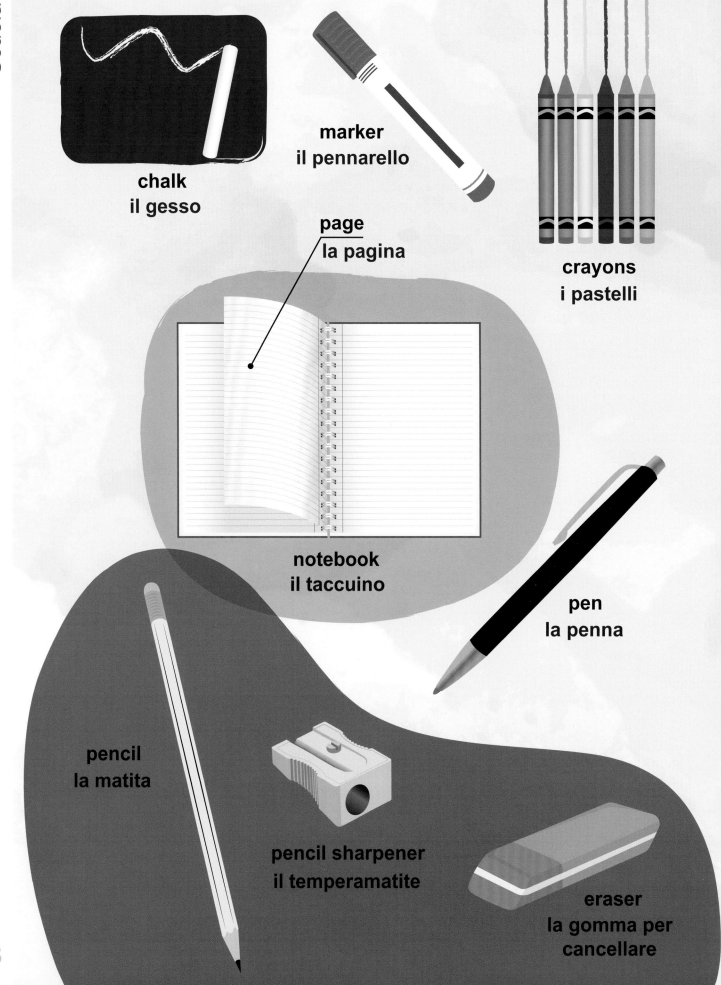

chalk
il gesso

marker
il pennarello

crayons
i pastelli

page
la pagina

notebook
il taccuino

pen
la penna

pencil
la matita

pencil sharpener
il temperamatite

eraser
la gomma per
cancellare

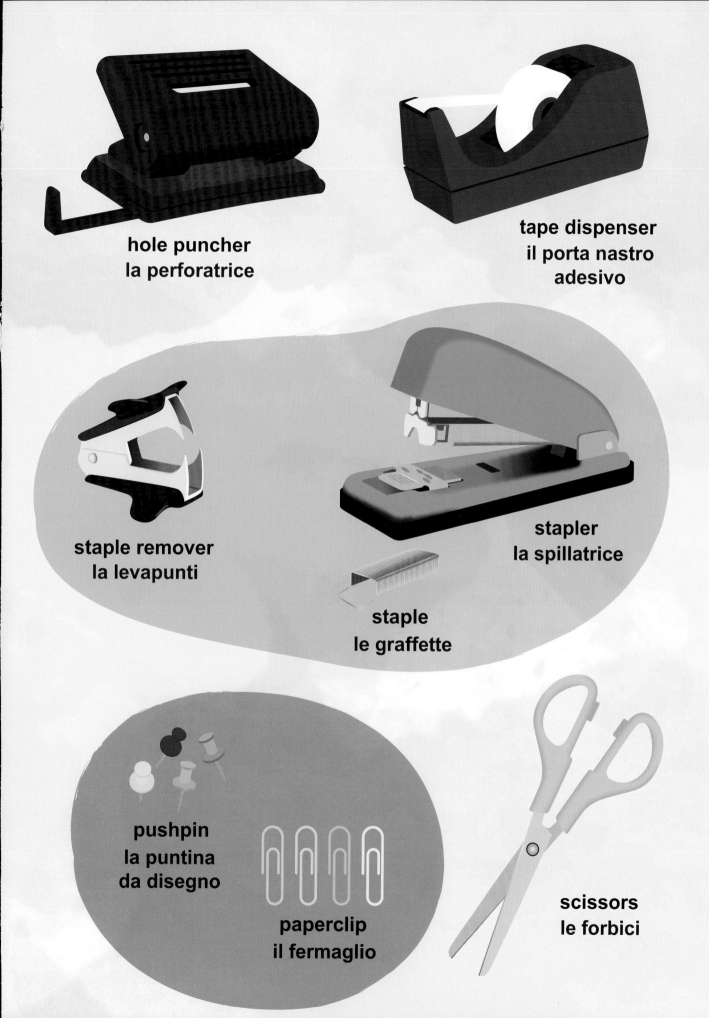

hole puncher
la perforatrice

tape dispenser
il porta nastro
adesivo

staple remover
la levapunti

stapler
la spillatrice

staple
le graffette

pushpin
la puntina
da disegno

paperclip
il fermaglio

scissors
le forbici

119

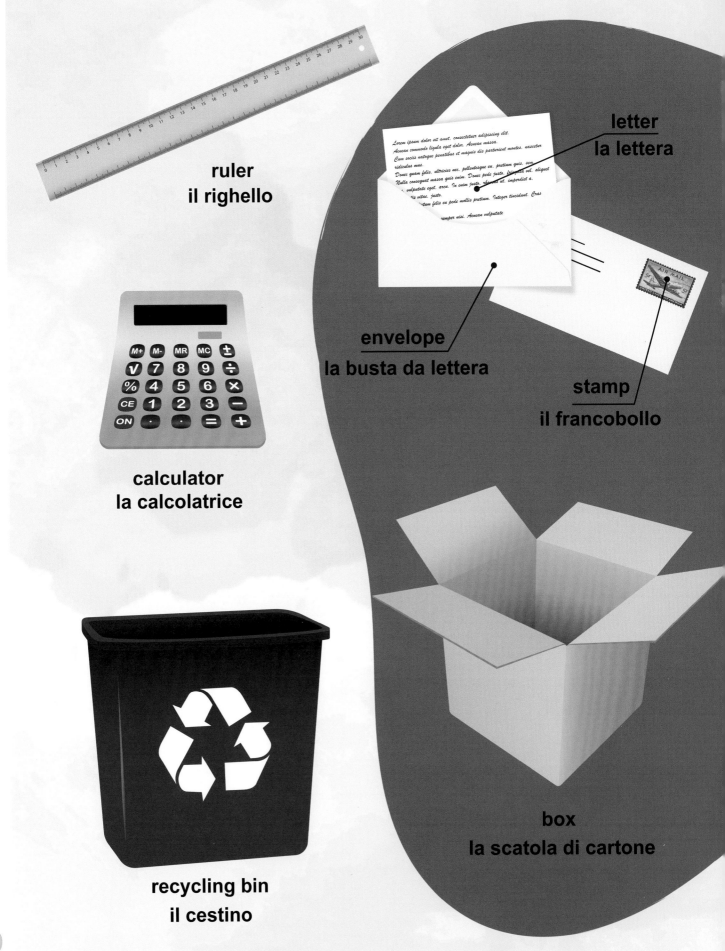

ruler
il righello

letter
la lettera

envelope
la busta da lettera

stamp
il francobollo

calculator
la calcolatrice

box
la scatola di cartone

recycling bin
il cestino

globe
il mappamondo

telescope
il telescopio

microscope
il microscopio

magnifying glass
la lente d'ingrandimento

magnet
la calamita

0
zero
zero

1
one
uno

1st
first
primo

2
two
due

2nd
second
secondo

3
three
tre

3rd
third
terzo

4
four
quattro

4th
fourth
quarto

5
five
cinque

5th
fifth
quinto

6
six
sei

6th
sixth
sesto

7
seven
sette

7th
seventh
settimo

8
eight
otto

8th
eighth
ottavo

9
nine
nove

9th
ninth
nono

10
ten
dieci

10th tenth
decimo

11
eleven
undici

11th eleventh
undicesimo

12
twelve
dodici

12th twelfth
dodicesimo

13
thirteen
tredici

13th thirteenth
tredicesimo

14
fourteen
quattordici

14th fourteenth
quattordicesimo

15
fifteen
quindici

15th fifteenth
quindicesimo

16
sixteen
sedici

16th sixteenth
sedicesimo

17
seventeen
diciassette

17th seventeenth
diciassettesimo

18
eighteen
diciotto

18th eighteenth
diciottesimo

19
nineteen
diciannove

19th nineteenth
diciannovesimo

125

20 twenty
venti

20th twentieth
ventesimo

30 thirty
trenta

30th thirtieth
trentesimo

40 forty
quaranta

40th fortieth
quarantesimo

50 fifty
cinquanta

50th fiftieth
cinquantesimo

60 sixty
sessanta

60th sixtieth
sessantesimo

70 seventy
settanta

70th seventieth
settantesimo

80 eighty
ottanta

80th eightieth
ottantesimo

90 ninety
novanta

90th ninetieth
novantesimo

100 one hundred
cento

100th one hundredth
centesimo

200 two hundred
duecento

500 five hundred
cinquecento

800 eight hundred
ottocento

1,000 one thousand
un migliaio

100,000 one hundred thousand
centomila

1,000,000 one million
un milione

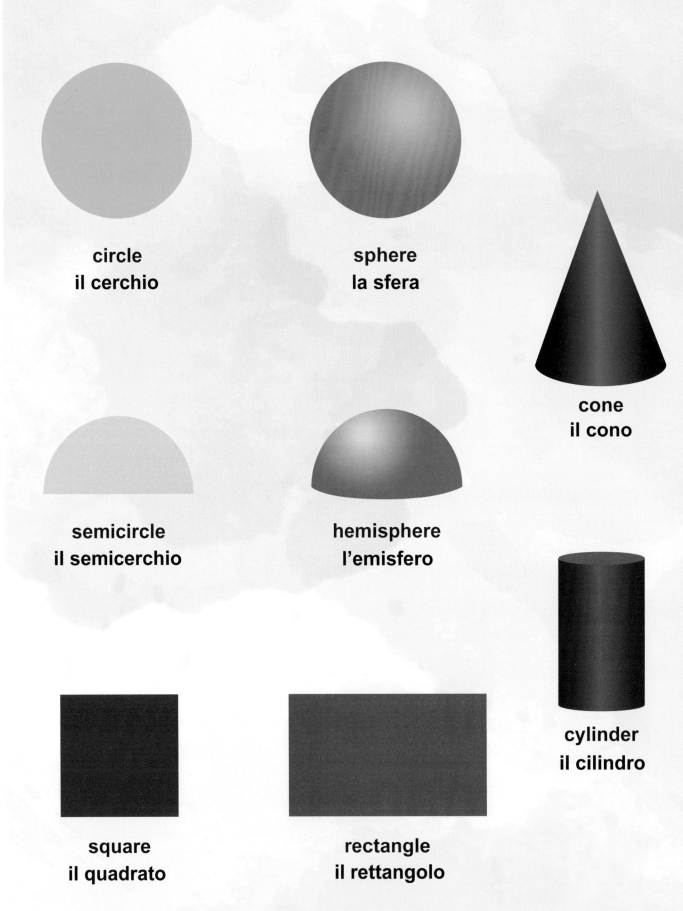

circle
il cerchio

sphere
la sfera

cone
il cono

semicircle
il semicerchio

hemisphere
l'emisfero

cylinder
il cilindro

square
il quadrato

rectangle
il rettangolo

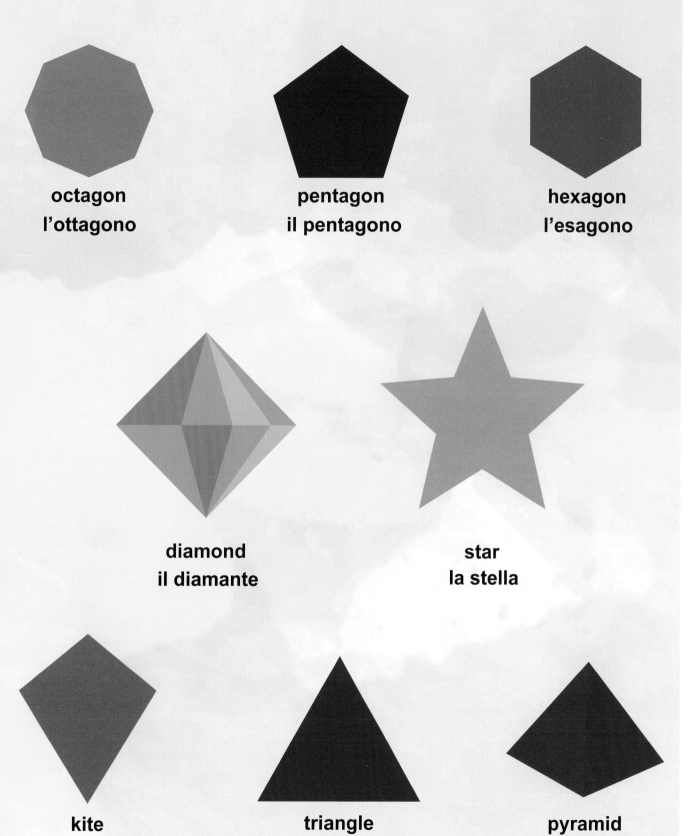

octagon
l'ottagono

pentagon
il pentagono

hexagon
l'esagono

diamond
il diamante

star
la stella

kite
l'aquilone

triangle
il triangolo

pyramid
la piramide

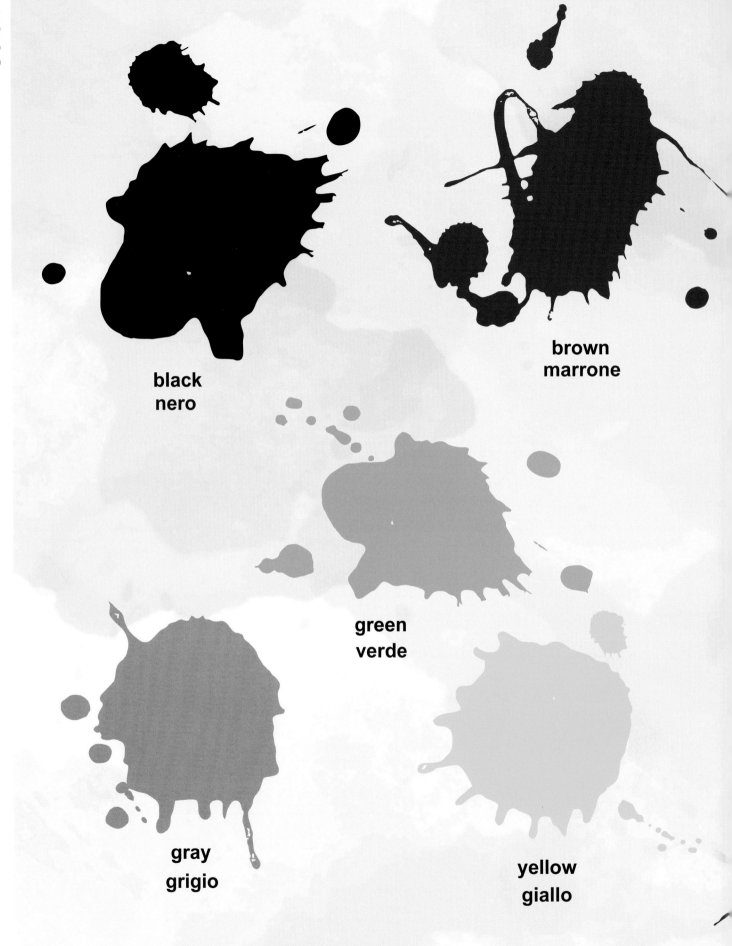

black
nero

brown
marrone

green
verde

gray
grigio

yellow
giallo

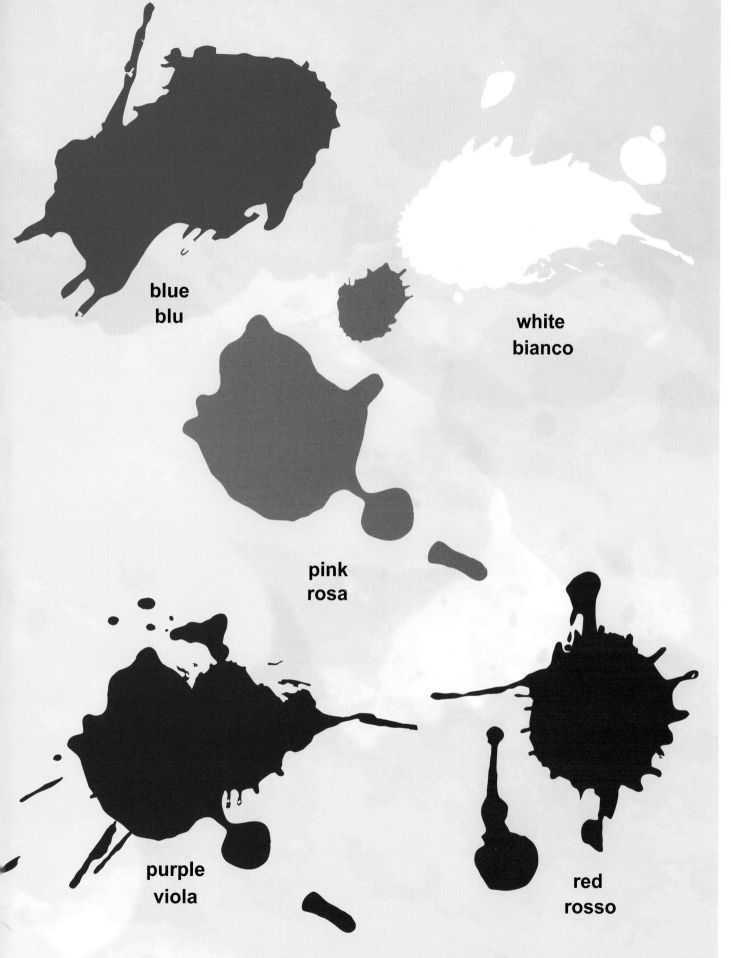

blue
blu

white
bianco

pink
rosa

purple
viola

red
rosso

It's
apostrophe
l'apostrofo

Yes,
comma
la virgola

like:
colon
i due punti

self-confidence
hyphen
il trattino

after...
ellipsis
i puntini

won!
exclamation point
il punto esclamativo

When?
question mark
il punto interrogativo

end.
period
il punto

"One day,"
quotation marks
le virgolette

(almost)
parentheses
le parentesi

open;
semicolon
il punto e virgola

'good'
single quotation marks
le virgolette

$3+1$

plus sign
il segno più

$7-3$

minus sign
il segno meno

$8\div2$

division sign
il segno della divisione

2×2

multiplication sign
il segno per

$\sqrt{16}$

square root sign
la radice
quadrata di

$=4$

equal sign
il segno dell'uguale

25%

percent sign
Il simbolo della
percentuale

earth & space

ampersand
la e commerciale

he/she/they

forward slash
la barra

html\n

backslash
la barra inversa

info@milet.com

at sign
la chiocciola